Mes enfants, c'est la guerre

Jean-Jacques Greif

Mes enfants, c'est la guerre

Médium
11, rue de Sèvres, Paris 6e

Loi n° 49.956 du 16 juillet 1949 sur les publications destinées à la jeunesse : février 2002
Dépôt légal : juin 2003
Imprimé en France par la Société Nouvelle Firmin-Didot au Mesnil-sur-l'Estrée (64103)

*La Seconde Guerre mondiale a commencé le 1er septembre 1939, quand les Allemands ont attaqué la Pologne**. *Les Français pensaient que les Allemands bombarderaient Paris comme ils avaient bombardé Varsovie, mais il ne s'est rien passé pendant plusieurs mois. C'est la période que l'on appelle « la drôle de guerre ».*

En mai et juin 1940, les Allemands ont envahi et vaincu la France. Ils ont occupé la moitié nord du pays. Le gouvernement français s'est replié à Vichy, capitale de la « zone libre ». Le maréchal Pétain, chef de l'État, a accepté de « collaborer » avec les Allemands. Comme en Allemagne, les juifs ont été privés de leurs droits, puis persécutés et déportés dans des camps d'extermination. Certains Français ont appliqué les lois antijuives avec beaucoup de zèle. D'autres ont caché et sauvé des juifs. La guerre s'est achevée le 8 mai 1945.

* J'ai raconté cette attaque dans *Kama* (même éditeur).

JUILLET 1945

Moi je m'appelle Jacquot, mais avant je m'appelais Jacob. Mon nom de famille c'est Lenoir. Avant, c'était Sylberstajn ou quelque chose comme ça, avec plein de lettres bizarres. Je crois qu'il y avait un z quelque part, seulement je ne sais plus où le mettre.

Mes parents viennent me chercher la semaine prochaine. Je vais sûrement redevenir Jacob Sylberchose. Ils me diront où mettre le z. Je me demande si je les reconnaîtrai. J'ai dit à Madame Christiane que je suis inquiet. Elle m'a rassuré :

– Tu penses que tu les as oubliés, mais dès que tu les verras tes souvenirs vont remonter à la surface. En tout cas, à leur âge, on ne change pas beaucoup. Tandis que toi... C'est plutôt eux qui auront du mal à te reconnaître. Avant la guerre, tu étais un gentil petit garçon de sept ans. Maintenant, tu es toujours gentil, mais tu es un grand gaillard qui va sur ses quatorze ans, et bientôt tu auras de la barbe au menton. Le petit Jacquot de sept ans, qui s'appelait Jacob, ils ne le reverront jamais. J'imagine qu'ils seront tristes de ne pas t'avoir vu grandir.

– J'ai tout écrit dans le cahier que ma mère m'a offert. Ça leur donnera quand même une idée.

– Tu as raison. Si j'avais écrit un cahier comme celui-là quand j'étais petite, je serais bien contente de le lire aujourd'hui.

– Mes petits-enfants le liront peut-être en l'an 2000 !

1939

Je commence mon histoire le 3 septembre de l'année 1939. Je suis à la mer, à Mimizan, dans la colonie du Pylône. C'est là que je passe toujours mes grandes vacances.

Mon meilleur copain, c'est Marmotte. Il s'appelle comme ça parce que c'est le roi pour dormir. Je dois le réveiller chaque matin.

– Eh, Marmotte, debout ! Madame Christiane a déjà sonné la trompe. L'est sept heures.

– Non... Laisse-moi roupiller... Core cinq minutes...

– T'as pas intérêt. Rien qu'à la façon dont elle sonne, on entend qu'elle est de mauvaise humeur.

– Pas nouveau. Depuis que le père Dada

est parti, elle est pas à prendre avec des pincettes. Il a même pas écrit une lettre.

– Elle devrait être contente qu'il soit parti. Quand l'est là, se disputent tout le temps.

– Ça, c'est parce qu'ils sont mariés. Mes parents, tu verrais les engueulades. Ils se battent comme des chiffonniers.

– Moi je sais où il est.

– Tout le monde le sait. Il fait le soldat.

– Il est vieux, non, pour faire son service ? Il a au moins trente ans, je dirais.

– C'est pas son service, c'est la mobilisation générale. Ils prennent même les vieux.

Madame Christiane est vraiment très énervée. C'est peut-être la faute au vent du large. Elle gronde le facteur :

– Et alors, facteur, qu'est-ce qui se passe ? Vous êtes en retard d'une heure !

– Comment, mais vous ne savez pas ? C'est la guerre !

Madame Christiane souffle dans sa trompe en corne de taureau. Comme ce n'est pas l'heure de se lever ou de déjeuner, nous savons ce que ça veut dire : rassemblement sur l'esplanade à l'entrée de la colonie, près du figuier. Elle souffle un autre petit coup pour que nous fassions silence. Ses cheveux se dressent tout raides sur sa tête comme des brins de paille. Les feuilles grises du figuier frissonnent au vent. Madame Christiane accroche sa trompe en bandoulière. J'ai l'impression que ses mains tremblent un peu.

– Mes enfants, mes enfants... J'ai une grande nouvelle à vous annoncer : c'est la guerre !

Marmotte et Fada font semblant de tirer à la mitraillette sur les Allemands : « Ta ta ta ta ta ! » Une grande fille crie comme si elle avait reçu un coup de pied, et puis elle se met à sangloter.

Une semaine plus tard, le facteur apporte enfin une lettre du père Dada. Madame Christiane convoque un nouveau rassemblement.

– Je viens de recevoir des nouvelles de Monsieur Daniel. Avant de partir au régiment, il a organisé une réunion avec vos parents. Il leur a demandé ce qu'ils voulaient : « Nous pouvons garder vos enfants à la colonie jusqu'à la fin du mois, comme prévu, ou bien nous pouvons prolonger leur séjour. »

– Nous resterons en vacances plus longtemps ?

– Ça c'est chic !

– Pourquoi, Madame Christiane ?

– Les Allemands ont déjà bombardé Varsovie avec leurs avions et tué des milliers de personnes. On craint qu'ils fassent la même chose à Paris. Beaucoup de gens envoient leurs enfants à la campagne pour les mettre à l'abri. Presque tous vos parents ont choisi de vous laisser ici. Monsieur Daniel m'a envoyé la liste.

– Et si les bombes tombent sur nos parents, Madame Christiane ?

– Il faut espérer que non. De plus, le gouvernement prend des précautions. Ils ont distribué des masques à gaz à tout le monde Attendez, Monsieur Daniel m'en parle quelque part... Voyons, où est-ce? Ah, ici La concierge est devenue un véritable dragon. Quand je sors, elle passe la tête par la fenêtre de sa loge pour vérifier que je porte bien mon masque à gaz à la ceinture. Elle m'a dit que je devais coller des rubans de papier en travers des fenêtres. Si le souffle des bombes casse les vitres, cela évitera que des éclats de verre partent dans tous les sens. Le soir, si je ne ferme pas bien les volets et les rideaux après l'heure du couvre-feu, elle crie: «Lumière! Lumière!»

Personne ne dit plus rien. Je devine que chacun essaie d'imaginer ses parents se promenant avec un masque à gaz à la ceinture et la concierge criant: «Lumière! Lumière!» Madame Christiane sourit. Elle est très contente de l'effet qu'elle a produit. J'aimerais bien lire la lettre, pour voir si le père Dada a vraiment écrit tout ça.

– Allons, les enfants, ça ne sert à rien de se ronger les sangs. Pour nous changer les idées, j'ai décidé que nous ferions une veillée ce soir.

– Avec du théâtre, Madame Christiane ?

– Qu'est-ce que tu racontes, Fada ? Tu sais bien que le théâtre demande de la préparation. Nous allons chanter et danser.

– T'es fada, Fada !

À la fin de la soirée, nous chantons *Ô Nuit !*

Ô Nuit ! Qu'il est profond, ton silence
Quand les étoiles d'or scintillent dans les cieux !
J'aime ton manteau radieux.
Ton calme est infini, ta splendeur est immense.

Les étoiles qui scintillent, d'accord, mais pour le silence profond et le calme infini, il faudrait que le vent cesse de tourmenter les pins de la forêt. Ils gémissent dans le noir comme des enfants égarés.

Si je retournais à Paris, j'entrerais en neuvième au lycée. À Mimizan, ils n'ont pas de lycée*. C'est un village, alors forcément. Il y a Mimizan-Plage, où se trouve la colonie, et Mimizan-Bourg. Madame Christiane nous inscrit à l'école communale de Mimizan-Plage. C'est beaucoup plus petit que le lycée. Les élèves ne changent pas de classe chaque année. Il y a que trois classes, donc ce serait pas possible. Moi, je suis chez Mademoiselle Lucas avec Marmotte, Fada, Gisèle et Marguerite. Je sais déjà lire, puisque j'ai presque huit ans. Il y a aussi dans la classe des petits qui apprennent à lire, comme Fanny la rouquine.

Cosaque et les autres moyens préparent leur certificat d'études chez Monsieur Etchegoyen. Cosaque est grand, même très grand, mais il vient de Russie alors il ne parle pas très

* Les enfants des milieux bourgeois fréquentaient le lycée de la onzième au baccalauréat. Les enfants des ouvriers et des paysans allaient à l'école communale jusqu'au «certificat d'études», puis devenaient apprentis ou travaillaient aux champs. Certains restaient quelques années de plus au «cours complémentaire».

bien français. Moi je pense que Marmotte devrait aller chez Monsieur Etchegoyen. Il a déjà neuf ans, quand même. Sauf qu'il y arrivera jamais s'il continue à dormir en classe.

Le grand Michel et Marie-Claire ont déjà passé leur examen d'entrée en sixième à Paris. Ils vont au cours complémentaire chez Monsieur Delmas, le directeur de l'école.

Je peux même pas compter les élèves de ma classe tellement ils sont nombreux. Au moins cent, je pense. Marmotte ronchonne.

– Nous sommes serrés comme des sardines.

– T'as déjà vu des sardines assises sur un banc ?

– Ben ouais. T'as jamais entendu parler d'un banc de sardines ?

Mademoiselle Lucas essaie de se faire entendre dans le brouhaha. Sa tête de turc, c'est un Alsacien nommé Schmitt.

– Vous comprenez ce que je dis, Schmitt ? Vous êtes vraiment bouché à l'émeri. Ah, qui m'a fichu des abrutis pareils !

La classe est pleine d'Alsaciens qui baragouinent leur patois de mangeurs de choucroute. Ils habitent dans un endroit que les gens appellent «le camp des évacués», de l'autre côté de Mimizan. Mademoiselle Lucas nous a expliqué.

– Le gouvernement a évacué les zones frontalières, en prévision des combats qui risquent de s'y dérouler. Vos camarades alsaciens et lorrains sont venus respirer le bon air de l'océan Atlantique.

Les Allemands ne bombardent pas Paris, alors le grand Michel, Fada et plusieurs autres enfants rentrent chez eux pour fêter Noël. Quand l'autocar vient les chercher, nous chantons *Ce n'est qu'un au revoir.*

Ce n'est qu'un au revoir, mes frères,
Ce n'est qu'un au revoir.
Oui nous nous reverrons, mes frères,
Ce n'est qu'un au revoir.

Faut-il nous quitter sans espoir,
Sans espoir de retour ?
Faut-il nous quitter sans espoir
De nous revoir un jour ?
Ce n'est qu'un au revoir, mes frères,
Ce n'est qu'un au revoir.
Oui nous nous reverrons, mes frères,
Ce n'est qu'un au revoir.

Nous sommes tous très tristes, parce que nous ne sommes pas du tout sûrs de nous revoir. Il y a la guerre, quand même.

Pour nous consoler, Madame Christiane nous emmène en excursion. Nous suivons une allée sablonneuse dans la forêt. À Paris, le Jardin des Plantes devient triste en hiver, parce que les arbres perdent leurs feuilles. Dans la grande forêt de Mimizan, les pins gardent leurs aiguilles vertes. La seule différence avec l'été, c'est que les genêts et les ajoncs n'ont plus leurs petites fleurs jaunes.

Nous marchons jusqu'au lac d'Aureilhan.

C'est étrange : on dirait qu'il est couvert de lait caillé.

– Madame Christiane, Madame Christiane, le lac a gelé !

– Eh bien, pourquoi croyez-vous que je vous aie amenés ici ? Le facteur me l'a dit ce matin. Ça n'arrive pas souvent.

Cosaque nous montre comment glisser sur la glace :

– Vous enlever sandales. Facile glisser avec chaussettes.

– Tu faisais ça, en Russie ?

– En Russie, avec patins !

C'est chouette, sauf que les chaussettes sont toutes mouillées au bout de trois secondes et qu'on a drôlement froid aux pattes.

Ils sont allés rejoindre leurs parents à Paris. Moi, c'est ma maman qui vient me voir ici. Elle m'apporte des vêtements chauds pour l'hiver et aussi deux cadeaux, pour Noël et pour mon anniversaire : une photo d'elle et de papa dans un cadre rouge et le cahier relié en cuir où j'écris tout ça. Sa visite me fait plaisir, bien sûr, mais je suis malheureux quand elle repart et je pleure le soir dans mon lit. Elle m'a dit que papa n'a pas pu venir. Il apprend un entraînement militaire en Bretagne, où il y a une armée polonaise spéciale qui va se battre avec les Français contre les Allemands.

1940

Le 3 janvier, j'ai huit ans. C'est la première fois que je fête mon anniversaire loin de mes parents. Mathilde, la cuisinière basque, nous prépare son bon gâteau aux amandes. Madame Christiane m'offre un livre : *Croc-Blanc*, de Jack London. C'est l'histoire d'un loup qui devient chien dans le Yukon et le Klondike, faudrait que je regarde sur la carte où c'est.

Maman m'écrit que papa a terminé son entraînement. Elle dit que malgré son uniforme il n'a pas l'air d'un soldat. Il doit partir en garnison près de la frontière belge.

Madame Christiane écoute la radio tous les matins. Elle ne veut pas que le facteur sache les choses avant elle, comme l'autre fois. En mai 1940, elle nous dit que les Allemands sont entrés en France avec leurs chars.

Marmotte n'a pas peur :

– Nous allons les écraser en moins de deux.

– Je n'en suis pas sûre. Ils sont passés là où les Français ne les attendaient pas.

Les ministres du gouvernement ont peur que les Allemands les fassent prisonniers s'ils restent à Paris. Ils s'enfuient à Bordeaux en vitesse. La mère de Cosaque travaille dans le ministère de l'Information comme traductrice de russe. Elle arrive à Bordeaux avec son ministre. Elle vient voir son fils à Mimizan, c'est tout près.

– Mon chéri, nous avons une chance extraordinaire. J'ai réussi à obtenir une cabine dans un paquebot qui part en Amérique pour évacuer les membres du gouvernement. Il s'en va dans trois jours.

– Mais mama, qu'est-ce que toi racontes ?

Je dois mon certificat d'études passer semaine prochaine.

Sa mère ne réussit pas à le convaincre. Nous non plus.

– T'es louf? On t'offre l'Amérique et toi t'aimes mieux rester dans ce coin perdu!

– Vous êtes gentils garçons, mais quoi je faire en Amérique?

– Tu monteras sur les gratte-ciel.

– Je parler pas anglais. Déjà français difficile j'apprendre.

Le plus bête, c'est qu'il rate son certif. Il ne peut pas écrire un mot sans faire au moins deux fautes. Il va rester encore un an avec Monsieur Etchegoyen. Il est très content.

– Gentil professeur. Pas comme l'école à Paris. Le maître là-bas enlever culotte pour donner fessée. Tirer très fort les oreilles et les cheveux.

– Ils font pas ça, en Russie?

– Jamais. La Russie c'est pays civilisé.

Ils apprennent de drôles de trucs, dans les

écoles russes. Cosaque a appris à capturer les insectes. Il porte toujours une petite boîte de fer en bandoulière. Il y range toutes sortes de sales bêtes. Ensuite, il les épingle sur des panneaux de bois. Il colle des étiquettes avec leur nom en latin, mettons *hannetonus verdus vulgarus*. Il a des livres avec les noms d'un milliard d'insectes. Il n'a pas besoin de les ouvrir, parce qu'il connaît tous les noms par cœur.

En sortant de l'école, nous escaladons la dune pour aller à la plage. Au mois de juin, à cinq heures de l'après-midi, il fait encore bien chaud. Nous aimons jouer au Tour de France. Nous construisons une grande route en sable, avec des virages dangereux et des pentes pentues. Un jour que les premières billes sont déjà arrivées au milieu des Alpes, un gamin tout poussiéreux s'approche de nous.

– Est-ce que quelqu'un a déjà pris Bartali ?

– C'était toujours notre copain Fada qui

prenait Bartali. Comme il est parti, personne le prend plus.

– Ben je prends alors. J'ai ma bille.

– T'as pas compris, mec? Personne le prend!

– Et alors, les potes, vous me reconnaissez pas?

– Fada! Ah dis donc! D'où tu viens comme ça?

– De Paname, bien sûr.

– À pinces? C'est pas possible.

– À pied, à cheval et en voiture. J'ai même voyagé dans un autobus 63, à un moment. Tous les gens se sont enfuis parce qu'ils avaient peur des bombes. Vous auriez vu le foutoir sur les routes... Au début, j'étais avec mes parents. J'ai dormi dans une ferme, dans une gare et même dans une église. On piquait des trucs à bouffer dans les magasins. Les Stukas passaient en rase-mottes et nous tiraient dessus. Fallait plonger dans le fossé plus vite que ça!

– T'es pas mort?

– Si, je suis mort. C'est mon fantôme qui vous parle. J'ai vu des trucs dingues : ils ont à moitié tué une bonne sœur, ils la prenaient pour un espion allemand déguisé.

– Pourquoi t'arrives tout seul ? Où ils sont tes parents ?

– Je sais pas. Quand l'autobus est passé, ils ont réussi à me mettre dedans. « Va à Mimizan, qu'ils m'ont dit. Nous, on se débrouillera. »

Quelques jours après l'arrivée de Fada, nous écoutons les nouvelles avec Madame Christiane : « L'armée française tient solidement la Loire. L'ennemi va se briser les dents sur nos défenses. » Une pétarade nous empêche de bien entendre, juste là dehors... Qu'est-ce que c'est ? Eh, les Allemands sont déjà là ! Qu'est-ce que nous devons croire : la radio ou nos yeux et nos oreilles ? Ils font le tour de Mimizan sur des motos avec des sortes de petites voitures accrochées à côté.

– C'est un side-car, me dit Marmotte.

– Il y en a au moins cent.

– T'as pas les yeux en face des trous. Ce sont toujours les mêmes qui tournent et retournent pour nous épater. Il y en a peut-être quinze, moi je dis.

Un peu plus tard, des camions amènent des régiments entiers de soldats. Quand ils montent sur la dune et découvrent la mer, ils poussent de grands cris. Ils se déshabillent et se jettent à l'eau en caleçon.

En octobre, je monte dans la classe de Monsieur Etchegoyen. Et aussi Marmotte, Fada, Gisèle et Marguerite. Comme il n'y a plus de combats en Alsace et en Lorraine, les évacués sont rentrés chez eux. Nous sommes bien contents de pouvoir nous asseoir sur nos deux fesses. Bon débarras ! Monsieur Etchegoyen dit que Schmitt et les autres n'ont pas de chance.

– L'Allemagne a tout simplement annexé l'Alsace et une partie de la Lorraine. Vos camarades sont allemands, maintenant. Ils doivent faire le salut nazi et s'inscrire dans les jeunesses hitlériennes.

– Ils parlaient déjà allemand, m'sieu.

– Alsacien. C'est un dialecte. L'Alsace et la Lorraine ont été allemandes entre 1871 et 1918. Les Allemands prétendent que ces provinces leur appartiennent. Ils viennent de nous confisquer les livres d'histoire et de géographie. Ils disent que ces livres sont faux.

– Tant mieux, remarque Marmotte. Ça nous fera toujours ça de moins à apprendre.

– Ne vous réjouissez pas trop vite. Nous recevrons sans doute bientôt de nouveaux livres, et ceux-là seront vraiment faux.

– Il ont aussi confisqué les fusils, m'sieu.

– En effet. Les chasseurs sont furieux, mais les palombes vont être contentes.

– Qui c'est, le vieux, là, m'sieu ?

– C'est le maréchal Pétain. Il dirige la France. On nous a ordonné d'accrocher son portrait dans toutes les classes. Je dois aussi commencer l'année en vous dictant une phrase. Ouvrez vos cahiers et notez: «Je prends – d, s – la résolution de travailler – e, r – de toutes mes forces dès maintenant pour que la France redevienne – deux n – le grand et beau pays que j'avais appris à aimer ici, que je commençais à connaître – accent circonflexe sur le i – et que j'aimerai encore davantage depuis qu'il est dans le malheur – l, h, e, u, r.»

Madame Christiane a toujours des idées bizarres. Elle décide que nous devons changer de nom. Marmotte dit que c'est à cause des boches. Ma maman m'interdisait d'employer des mots d'argot comme «boche». Il faut dire les Allemands.

Marmotte me demande:

– Est-ce que t'es catholique, toi?

– Moi? Euh, non, je crois pas.

– T'es protestant, alors?

– Protestant? Ben non.

– Alors t'es juif. Si t'es ni catholique ni

protestant, c'est forcé que tu sois juif. Moi aussi, je suis juif. Les boches, ils aiment pas les juifs et ils veulent tous les tuer. Alors Madame Christiane, elle change les noms des juifs pour que les boches les trouvent pas.

– Si t'es juif, pourquoi t'as pas changé de nom ?

– Mes parents, ils ont déjà changé mon nom avant la guerre. Mon vieux nom c'était Moshé Apfelbaum. Maintenant, c'est Michel Pommier. Je suis content d'avoir changé, parce que tous mes copains m'appelaient Moche...

– Quand même, j'y comprends rien, à cette histoire. Pourquoi est-ce que les Allemands voudraient tuer les juifs ?

– Parce que les boches, mon pote, ils sont complètement cons.

– Ouais, ben quand Madame Christiane a changé nos noms, elle n'a pas parlé de juifs. Elle a dit que c'est embêtant d'avoir des noms étrangers. Que les Allemands veulent renvoyer les étrangers dans leur pays. Moi, par exemple, j'avais un nom polonais, donc ils m'auraient envoyé en Pologne. Alors là, je suis pas d'accord: je reste en France.

– Cosaque pourrait retourner en Russie Il dit toujours que c'est mieux là-bas.

– Au moins, il est né en Russie et il parle russe. Tandis que moi, j'ai un nom polonais parce que mes parents sont polonais, ça c'est vrai, mais je suis né en France. Je suis français, je parle français, je vois pas ce que j'irais faire en Pologne.

La mère de Fanny la rouquine vient à la colonie avec la petite sœur de Fanny. Elle demande à Madame Christiane si elle accepte de la prendre aussi.

– Elle me semble quand même un peu jeune. Elle a quel âge?

– Presque trois ans... Mais elle est très sage, je vous assure. Je ne peux pas la garder. Je dois me cacher. Je vous en supplie...

Madame Christiane accepte.

– Comment tu t'appelles ?

– Moi c'est Tonette.

– Antoinette ?

– Tonette.

Elle est aussi rousse que Fanny et toute bouclée. Elle porte une petite robe en velours vert. Les grandes filles jouent avec elle comme si c'était une poupée. Tout le monde l'appelle Tonette.

Fanny, Tonette et les autres petits dorment avec Bergère la monitrice au rez-de-chaussée de la maison en pierre. Son vrai nom c'est Bérangère, mais nous l'appelons Bergère parce qu'elle est frisée comme un mouton et qu'elle vient de la campagne. Les grands garçons (ça c'est nous) dorment avec Bobine, l'autre monitrice, dans le dortoir du premier étage. Bobine parce qu'elle a toujours une bobine de fil et une aiguille dans sa poche. C'est notre couturière en chef.

Notre dortoir s'appelle « Les Bandarlogs », c'est le nom d'une tribu de singes dans *Le*

Livre de la jungle. Eh, nous ne ressemblons pas à des singes ! Ou alors, juste quand nous sautons sur les lits en nous bagarrant à coups de polochon.

Les grandes filles dorment au premier étage de la maison en bois ; elles ont un dortoir appelé « Les Précieuses ridicules », juste derrière l'appartement de Madame Christiane. Serge et Laurence, les enfants de Madame Christiane, dorment avec elle.

Si vous allez à Mimizan-Plage, prenez la rue de la Poste. Ce n'est pas une rue goudronnée comme à Paris, mais plutôt une allée en terre. Tout au fond du village, entre la forêt de pins et la dune, vous trouverez la colonie du Pylône. Son nom lui vient d'un ancien pylône pour chasser les palombes qui a disparu depuis longtemps. À gauche en entrant vous verrez la maison en pierre et à droite l'esplanade. La maison en pierre est rose. On ne voit pas les pierres, c'est le crépi qui est rose. Pour entrer dans la maison, on monte quelques marches et on arrive sur une petite plateforme, ça s'appelle un perron.

Au bout de l'esplanade se dresse notre grand figuier gris, qui donne des figues délicieuses à l'automne (en ce moment!); et ensuite la maison en bois, dont les planches sont peintes en blanc. Au rez-de-chaussée de la maison en bois il y a le réfectoire, la cuisine, le bureau. À côté de la maison en bois, vous verrez une cour avec des balançoires.

L'autre jour, quand j'étais aux balançoires, j'ai entendu le mot «juif». Bergère disait à Bobine que les Allemands avaient fait une loi contre les juifs en France. Elle disait:

– Mais je pense qu'ici, tu ne risques rien. J'en ai parlé à Marmotte.

– Ça veut sûrement dire que Bobine, elle est juif.

– Juif pour une femme, faut dire juive.

– Bon, mais tu crois qu'elle l'est? À quoi ça se reconnaît, un juif?

– Ça, je le sais pas, mais je peux te dire qu'elle parle avec un accent comme mes parents. Et mes parents, eux, ils sont juifs.

Quand nous rentrons de l'école, Madame Christiane surveille nos devoirs et nous fait réciter nos leçons. Pour les grands qui vont au cours complémentaire, elle donne des cours de latin et de mathématiques. Elle leur apprend *Rosa la rose* et la bissextrice d'un angle.

– Si vous étudiez bien le latin et les mathématiques, dit-elle, vous pourrez retourner au lycée quand la guerre sera finie et continuer vos études jusqu'au baccalauréat.

Moi, quand je serai grand, je serai ingénieur. Mon papa et ma maman, ils travaillent dans la maroquinerie, ça veut dire qu'ils fabriquent des portefeuilles et des sacs en cuir. Mon papa, c'est le champion du monde pour couper du cuir. Si vous lui donnez une peau avec laquelle un autre coupeur peut faire neuf portefeuilles, mon papa sait si bien la découper qu'il y trouvera dix portefeuilles. Il dit que c'est une question de géométrie. Il me disait: «Tu vois, Jacquot, si j'avais pu étudier en Pologne, je serais devenu ingénieur, mais j'ai dû venir en France sans aucun diplôme et j'ai appris le cuir. Toi, si tu études bien, tu pourras devenir ingénieur, ou bien médecin comme ton oncle Maurice.»

Ah, je me trompe: papa ne m'appelait pas Jacquot. J'oublie déjà que mon nom c'était Jacob. Comme il coupe si bien le cuir, il a gagné beaucoup d'argent et il s'est installé à son compte. Ma maman l'aide à coudre les portefeuilles et les sacs, avec une machine spéciale. Au lieu de travailler dans un atelier chez un patron, ils travaillent dans l'appartement. Quelqu'un vient leur commander cinquante portefeuilles marron et dix sacs de dame noirs. Maman, tout le monde la trouve très gentille. Papa dit qu'elle a un très bon contact avec les acheteurs. Je me souviens d'un gros bonhomme qui venait souvent chez nous, c'était l'acheteur de la Samaritaine. Quand je regarde la reliure en cuir de ce cahier, je pense que c'est mon papa qui l'a coupée et ma maman qui l'a cousue.

Marmotte trouve que le latin, ça ne sert à rien du tout :

– Quand je serai coureur cycliste, j'en aurai jamais besoin, de leur latin.

– Ça sert pour mieux parler le français, c'est Madame Christiane qui l'a dit. Si tu gagnes le Tour de France, les journalistes viendront te voir pour parler à la radio.

– Je dirai : «Je suis content d'avoir gagné, mais j'espère faire mieux la prochaine fois.» Ça mon pote, c'est pas du latin, c'est du français.

Madame Christiane, elle sait beaucoup de choses. En plus du latin et des mathématiques, elle nous fait chanter, elle joue de l'harmonium, elle nous dit le nom des plantes dans la forêt, elle nous apprend à dessiner.

Elle dessine tout le temps les pins de la forêt avec de l'encre noire sur un grand cahier. Elle dit que les pins sont tous différents, mais moi je trouve qu'ils sont tous pareils.

Quand un enfant est malade, elle fait le docteur, parce qu'elle est infirmière. Pour devenir directrice d'une colonie, il faut savoir porter les premiers secours. Mettons qu'un enfant boive la tasse quand nous nous baignons dans l'océan, elle peut lui faire la respiration artificielle, même qu'elle nous l'a montré.

Ici, à Mimizan, les vagues sont énormes. Nous nous mettons dans l'écume et nous nous laissons rouler, c'est drôlement rigolo. Moi, j'ai appris à nager dans la Marne, quand je suis allé en vacances chez mon oncle Maurice à Joinville, mais je ne peux pas nager derrière les rouleaux des vagues. Sauf quelquefois le soir quand la mer est bien calme. Sinon, on peut se baigner à marée basse parce qu'il y a des sortes de bras de mer appelés « baïnes » où l'eau est vraiment plate. Ce qui est vraiment barbant, c'est que nous n'avons pas le droit de nous baigner quand Madame Christiane n'est pas là, à cause de la respiration artificielle. Nous l'attendons avec impatience. Nous sommes sur des charbons ardents, ou au moins sur du sable brûlant. Soudain quelqu'un crie : « La v'là ! La v'là ! » Madame Christiane vient d'apparaître sur la dune. Alors tout le monde se met à courir pour plonger dans l'eau.

Nous bâtissons des châteaux de sable. Nous nous donnons du mal pour élever les murailles les plus épaisses et les plus hautes du monde, mais la marée réussit toujours à les abattre. Elle commence par les lécher pour les ramollir, puis elle les avale sans même dire merci.

En novembre, l'eau est trop froide. Alors Cosaque, Marmotte et moi, nous jouons aux billes sur le sable, et aussi à la pichenette avec nos couteaux, et aux osselets.

Quand il y a trop de vent, nous nous abritons derrière la dune. C'est plein de buissons épineux : des mûriers, des ajoncs. Eux aussi, ils s'abritent du vent. Nous emportons des casseroles et des seaux pour cueillir des mûres. Madame Christiane veut préparer des confitures pour l'hiver.

– Je ne sais pas s'il me reste assez de sucre, dit-elle. Avec la saccharine qu'ils nous donnent pour remplacer le sucre, ce sera beaucoup moins bon.

Le faux sucre s'appelle saccharine, le faux beurre margarine. Il y a aussi des fausses pommes de terre appelées rutabagas, qui ressemblent à des navets pourris. Ça fait des nouveaux noms à apprendre, comme Jacquot à la place de Jacob. Le faux café constitué de grains d'orge et de glands écrasés s'appelle « succédané de café », mais c'est trop compliqué alors les gens disent « café » quand même.

Tout est rationné : le pain, la viande, le poisson, le lait, le fromage, l'huile, le riz, le sel, le chocolat, les allumettes, le savon. Bergère nous a montré comment économiser le savon :

– Tu te mouilles les mains d'abord, tu caresses le savon une seule fois, tu fais mousser. C'est ce que nous faisions à la ferme, quand j'étais gosse. Nous n'étions pas riches.

– S'il faut vraiment économiser le savon, y a qu'à plus prendre de douches.

En été, les douches froides, d'accord. En hiver, brrr... Je crois que Bergère et Bobine accepteraient d'y renoncer ; elles n'aiment pas ça plus que nous. C'est Madame Christiane qui insiste.

– Allez, les enfants ! Une bonne douche froide, ça n'a jamais tué personne !

– Une fois par mois, ça suffirait, Madame Christiane...

– Mais non. Une fois par semaine, c'est indispensable pour votre hygiène.

Nous poussons de grands cris, comme si ça pouvait réchauffer l'eau. Quand nous sortons de la douche, Bergère et Bobine nous frottent très fort avec une serviette rugueuse. Nous tremblons, nous frissonnons, et puis d'un seul coup ça va mieux et nous avons très faim.

Nous avons tout le temps faim. Quand nous allons cueillir les mûres derrière la dune, nous ne pouvons pas nous empêcher d'en manger la moitié, alors nous devenons tout bleus. Ça c'est un mystère de la Nature : la mûre est noire, le jus de mûre est rouge, et les taches de mûre sont bleues.

J'ai parlé du réfectoire, dans la maison en bois, mais j'ai oublié de dire qu'il nous sert aussi de salle d'étude pour l'école. Un jour, quand tout le monde y est, Madame Christiane nous demande de faire silence et elle commence un grand discours. Les petits, ça ne les intéresse pas et ils continuent de bavarder, alors tout le monde leur dit : « Chut Chut ! »

– Mes enfants, cela fait plus d'un an que nous sommes ici. Quand j'ai proposé à vos parents de vous garder, tout le monde croyait que la coalition des Français, des Anglais et des Polonais pourrait vaincre les Allemands facilement et que la guerre serait finie en quelques semaines. Vous n'aviez même pas de vêtements pour l'hiver. Il est vite apparu que la guerre serait longue. Vos parents m'ont envoyé de l'argent pour acheter de la nourriture et quelques vêtements. En juin dernier, les Allemands ont envahi la France. Les parents de certains d'entre vous ont quitté Paris et se cachent, pour échapper à la police qui veut les arrêter et les remettre aux Allemands. Le père de Rémi et celui de Jules sont prisonniers en Allemagne.

– Mon père, il va sûrement réussir à s'évader, Madame Christiane.

– C'est possible. En tout cas, cela fait longtemps que je ne reçois plus d'argent. Je suis allée voir la Croix-Rouge à Bordeaux, parce que je suis infirmière de la Croix-Rouge. Ils disent que l'on peut vous considérer comme réfugiés, puisque vous avez quitté vos domiciles. J'ai donc obtenu pour la colonie le statut de centre de réfugiés. Cela signifie que l'on me donne un peu d'argent, mais en contrepartie nous devrons peut-être accueillir d'autres réfugiés. La Croix-Rouge m'a demandé ce qui me manque le plus. J'ai répondu : « Des vêtements chauds. D'habitude la colonie ferme en hiver, donc nous n'avons pas de chauffage du tout. » Ils ne m'ont pas donné de vêtements, mais deux ballots de laine des Pyrénées. Alors nous allons fermer provisoirement les ateliers de linogravure et de poterie. Mes enfants, vous allez tricoter !

Bergère et Bobine apportent un énorme sac rempli de laine. Marmotte proteste :

– Je ne marche pas. Tricoter, c'est un truc de fille.

– Pendant une guerre, remarque Madame Christiane, les gens doivent apprendre à s'adapter. Mais si tu veux, Marmotte, je te nomme moniteur pour les petits. Ils vont dérouler les écheveaux et fabriquer des pelotes.

Il est très content. Moi, je veux bien apprendre à tricoter. Ça peut toujours servir. Déjà, avant, j'aimais beaucoup faire des canevas au point de croix. J'ai aussi essayé la linogravure, mais je trouvais que c'était difficile et j'avais peur de me blesser avec la gouge qui sert à creuser le dessin dans le lino. La poterie, c'est bien, sauf que ça se casse. Bergère et Bobine nous montrent comment on tient les aiguilles à tricoter et tout ça. Marie-Claire, une grande qui sait déjà, nous aide aussi. Nous devons juste tricoter tout droit, ensuite Bergère et Bobine se chargent de finir le col et d'accrocher les manches. Chacun doit faire un chandail pour soi et un pour un petit. Bergère, Bobine et Marie-Claire tricotent aussi des paires de chaussettes.

Marmotte est si fier de s'occuper des petits qu'il voudrait diriger tout l'atelier.

– Si vous continuez comme ça, dit-il, vous allez tous vous ressembler. Attendez, je vais faire quelque chose pour vous.

C'est vrai que la laine n'a pas de couleur. Elle n'est pas blanche, plutôt un peu beige. Madame Christiane appelle ça blanc écru, moi je dis blanc sale. Marmotte apporte la laine qui servait pour le canevas. Il y a toutes les couleurs, d'ailleurs c'est pour cela que j'aimais le canevas. Pour certaines couleurs, il reste une pelote, pour d'autres quelques brins ; pas de quoi faire un chandail entier. Bergère déroule la laine.

– Ce brin rouge est assez long pour mettre une ligne rouge autour d'un poignet... Ce bleu-là est beaucoup plus long. Il permettra de tricoter une bordure autour de la taille.

Ainsi, nous aurons tous des chandails différents. Quand nous aurons fini, il restera beaucoup de laine. Nous tricoterons d'autres chandails. Madame Christiane les vendra pour gagner un peu d'argent.

Pendant ce temps, elle a aménagé une grande infirmerie pour les réfugiés. Nous n'avons pas vu de réfugiés, mais les gens de

Mimizan viennent se faire soigner. Ils donnent des œufs ou du saucisson. Madame Christiane dit que cela leur revient moins cher que le docteur. Tous les mardis soir, ils viennent aussi apprendre comment faire la respiration artificielle si quelqu'un se noie dans l'océan : ça s'appelle un cours de secourisme.

Vers le 15 décembre, à l'école, ils installent un arbre de Noël. Je vois tout de suite que c'est un pin de la forêt, pas un sapin. Il est très beau quand même, avec des boules et des étoiles et des guirlandes. La veille de Noël, il y a une grande fête. Tous les enfants de la colonie sont élèves dans cette école (sauf Tonette, la sœur de Fanny, qui est trop petite), donc nous nous préparons bien comme il faut. Je me lave même les cheveux, ça faisait longtemps. Nous mettons nos chandails tout neufs, on dirait trente frères et sœurs. Nous allons à l'école en rangs par quatre, comme chaque jour, en chantant :

Une fleur au chapeau,
À la bouche une chanson,
Un cœur joyeux et sincère,
Et c'est tout ce qu'il faut
À nous autres bons garçons,
Pour aller au bout de la terre.

Nous entrons dans la salle des fêtes. Il y a l'arbre de Noël, avec ses étoiles et ses boules et ses guirlandes, et aussi des gâteaux sur une table, et les autres enfants de l'école et leurs parents. Une dame s'avance vers nous. Elle est toute rouge sous son chapeau noir, comme si elle était très fâchée. Elle crie :

– Nous ne voulons pas de vous ici ! C'est un arbre pour les enfants de Mimizan !

Elle montre la porte avec son doigt.

Madame Christiane ne dit rien, pourtant elle n'a pas sa langue dans sa poche. Elle nous ramène à la colonie. J'ai drôlement envie de pleurer, et je vois bien que Marmotte aussi.

D'ailleurs presque tous les petits pleurent. Sur la route, Madame Christiane commence à chanter :

Vent frais vent du matin
Vent qui souffle au sommet des grands pins
Joie du vent qui passe, allons dans le grand...
... Vent frais vent du matin

Nous essayons tous de chanter, mais le cœur n'y est pas.

Elle nous réunit dans le réfectoire.

– C'est Mademoiselle Sardou, la sœur du directeur de la papeterie. Vous savez, l'usine qui nous envoie ses mauvaises odeurs quand le vent tourne. Ils font du papier avec les pins de la forêt, et presque tous les habitants de Mimizan travaillent dans cette usine. Ils l'appellent « la papète ». Cette bonne dame n'est pas contente parce que j'ai fondé un poste de la Croix-Rouge et que les gens de Mimizan viennent y prendre des cours de secourisme.

Elle pense que ce sont ses ouvriers, qu'ils lui appartiennent comme si elle en était propriétaire. Elle croit que je leur enseigne le communisme en plus du secourisme. C'est bête à pleurer.

– Madame Christiane, c'est quoi, le communisme ? demande Fanny la rouquine.

– C'est un système politique qui existe loin d'ici, en Union soviétique. Elle croit que nous sommes communistes parce que nous n'allons pas à la messe le dimanche.

Je me tourne vers Marmotte.

– Ah ça, je le savais ! Tu te mets le doigt dans l'œil jusqu'au coude. Ni catholique ni protestant, ça s'appelle pas juif, ça s'appelle communiste. Mes parents, ils n'ont jamais dit que nous sommes juifs, mais ils sont communistes*, je m'en souviens. Même qu'ils lisent un journal communiste, *L'Humanité*.

* De nombreux juifs polonais étaient communistes. Ils espéraient que le système communiste pourrait mettre fin aux persécutions qu'ils subissaient.

– Les gens auraient bien pu nous défendre, dit Bergère. Après tout, vous les soignez pour presque rien.

– Ils n'ont pas d'argent, alors ils viennent ici, mais ils ne nous aiment pas beaucoup. Nos enfants sont tous premiers en classe, alors que les leurs arrivent à peine à lire et à écrire. En plus, nos enfants s'amusent et chantent et dansent. Ils disent que c'est une honte de chanter et de danser en des temps pareils. Nous sommes les Parisiens, et toute cette guerre c'est la faute des politiciens de la capitale...

Ça c'est vrai qu'ils n'aiment pas les Parisiens. À l'école, les autres enfants parlent patois pour que nous ne puissions pas les comprendre, comme leurs parents le font avec les Allemands. Ils se moquent de nous en disant : « Parisiens têtes de chien, Parigots têtes de veau ! » Ils nous cherchent des crosses, et c'est souvent la bagarre. Marmotte, il est drôlement fortiche.

– Tu devrais faire boxeur plutôt que coureur cycliste !

– Je ne dis pas non.

1941

Mathilde la cuisinière est partie. C'est Bergère qui prépare le gâteau pour mes neuf ans. Il n'est pas aussi gros que l'année dernière. Madame Christiane dit qu'il est difficile de trouver des œufs.

D'ailleurs elle veut acheter des poules. Chaque enfant mange une toute petite part. Moi, j'ai droit à deux parts, parce que c'est mon anniversaire. Les enfants chantent :

Mon petit Jacquot, c'est ton anniversaire.
En ce beau jour, chacun te fêtera !
De ce beau jour et de cette galette
Toute ta vie ton cœur s'en souviendra.

Cette chanson-là, c'est Madame Christiane qui l'a inventée. Elle n'existe pas en dehors de la colonie. Tous les enfants la connaissent, sauf les nouveaux bien sûr. Il y a cinq nouveaux sur trente enfants. Ils ont tous changé de nom, donc je pense qu'ils sont juifs.

C'est bête, j'ai pleuré quand ils ont chanté. C'est la deuxième fois que je fête mon anniversaire à Mimizan, loin de mes parents.

Après le Noël raté, les gens du village ne sont pas devenus plus gentils.

– Ils devraient essayer de se racheter, dit Bergère, mais on dirait au contraire qu'ils deviennent encore plus distants.

– C'est qu'ils ont honte de l'attitude de Mademoiselle Sardou, dit Bobine.

Il y a plusieurs distributions de vraies pommes de terre, mais ils préviennent Madame Christiane au dernier moment. Elle se précipite avec Bergère et Bobine, en poussant la charrette à bras de la colonie. Quand elle arrive là-bas, il ne reste plus de pommes de terre.

– Je ne vais quand même pas acheter des pommes de terre au marché noir, dit-elle. À plus de vingt francs le kilo ! Ils ont multiplié le prix par dix, tout bonnement.

Les Allemands ont abattu un de leurs chevaux qui s'était cassé la patte. Comme ils ne mangent pas de cheval, ils ont donné le cadavre au boucher. Tous les gens en ont mangé, mais ils n'ont pas prévenu Madame Christiane.

– Nous devons absolument trouver un moyen de gagner de l'argent, dit-elle.

Comme nous sommes des enfants, nous avons une carte marquée « J » pour « Jeunes », qui nous donne droit à une ration spéciale de lait. Le laitier passe nous livrer plusieurs bidons tous les matins avec sa camionnette. L'essence est rationnée aussi, mais un laitier c'est prioritaire. Lui, il nous aime bien, il bavarde souvent avec Madame Christiane

Pendant les vacances de Noël, je ne vais pas à l'école, alors j'assiste à leurs discussions. J'aime beaucoup écouter les discussions des adultes. Maman me disait toujours : « Ce n'est pas de ton âge », mais elle était fière que j'essaie de comprendre les choses.

Quand le laitier discute avec Madame Christiane, j'entends parfois le mot communisme, et ils parlent souvent du Front populaire. Mes parents en parlaient aussi ; c'est un gouvernement dans la politique. Madame Christiane lui fait visiter l'infirmerie. Il trouve que c'est très bien aménagé. Il regarde les appareils de près, et puis il demande à Madame Christiane si elle ne saurait pas réparer une écrémeuse, par hasard.

– Qu'est-ce qu'elle a donc, votre écrémeuse ?

– Elle marche, mais pas très fort. Elle n'écrème pas beaucoup. Je me demande si ce n'est pas à cause des coupures de courant. J'ai entendu dire que des résistants sabotent les installations. Ou alors ce sont les Allemands qui rationnent l'électricité pour nous embêter.

Madame Christiane, je la connais bien, depuis le temps. À la manière dont elle plisse son front, je vois qu'elle est en train de réfléchir.

– Je veux bien aller regarder votre écrémeuse, mais pas tout de suite, parce que nous avons beaucoup de travail à la colonie. En attendant, je voudrais savoir une chose : qu'est-ce que vous faites de votre petit-lait ?

– Eh bien, je le jette.

– Je serais bien contente si vous pouviez me le donner.

– Ah, si vous voulez.

Le lendemain, quand les bidons de petit-lait arrivent, elle nous réunit.

– Regardez, les enfants : comme l'écrémeuse marche mal, il reste de la crème dans le petit-lait. J'ajoute de la présure que j'ai achetée à Mimizan-Bourg. C'est un liquide qui vient de l'estomac des vaches. Vous allez m'aider à remplir ces pots, et nous les poserons dans la cuisine près du fourneau, là où il fait bien chaud. Si tout va bien, le lait va cailler. Nous le mettrons dans des mousselines pour que l'eau s'en aille, et nous pourrons fabriquer du fromage.

Je suis sûr que ça marchera, parce que Madame Christiane, elle sait tout faire.

Elle fabrique des petits fromages ronds. Elle les appelle des camemberts, mais moi j'ai déjà mangé du vrai camembert et c'est très bon, tandis que ses fromages à l'estomac de vache… Meuh…

Les habitants de Mimizan achètent ses camemberts. Du coup, ils reviennent prendre des cours de secourisme. Ils parlent des camemberts à des habitants des autres villages. Il y a même des gens qui viennent de Mont-de-Marsan pour en acheter. Seulement, le laitier demande tous les matins quand Madame Christiane viendra réparer l'écrémeuse. Elle trouve toutes sortes de prétextes pour ne pas y aller, mais à la fin il faut bien, et nous arrêtons notre production de camemberts.

Madame Christiane convoque un conseil de guerre : Bergère, Bobine, et tous les grands. Comment gagner de l'argent ?

– Nous pourrions vendre des poteries, Madame Christiane.

– Ou alors des paniers en rotin.

– Des linogravures.

– Des cerfs-volants.

– Nous n'irions pas loin avec tout ça. À cause de la guerre, les gens achètent seulement le nécessaire, pas le superflu.

Bergère, qui vient de la campagne, dit que nous devrions nous lancer dans l'élevage.

– Des moutons, suggère Marmotte. Tu pourrais les garder, puisque tu t'appelles Bergère.

– Je ne connais rien aux moutons, mais je peux vous dire qu'à la ferme, nous avions des cochons. Ça grandit tout seul et ça mange n'importe quoi.

Ensuite elle réfléchit, et elle dit elle-même que c'est une mauvaise idée. Avant la guerre, la colonie produisait assez d'ordures pour nourrir des cochons. Maintenant que nous avons du mal à trouver de la nourriture, nous ne jetons presque plus rien. On ne pourrait même pas nourrir des poules.

La boulangère a donné à Bergère une recette de soupe aux épluchures. Avant la guerre, j'aurais jamais mangé un truc pareil, mais maintenant je me régale.

– Ça fait du bien par où ça passe. En plus, on gagne du temps. Au lieu de donner les épluchures aux cochons et de manger le cochon, on mange directement les épluchures.

– Ouais, ben moi j'aimerais mieux une bonne tranche de jambon, dit Marmotte.

Quand un enfant est juste un peu malade, Madame Christiane le soigne à l'infirmerie.

Quand c'est sérieux, elle l'emmène à Mimizan-Bourg chez le docteur Chevallereau. J'y suis allé une fois parce que j'avais des boutons d'urticaire partout. Il est rigolo, ce docteur, je l'aime bien. Il m'a dit que j'étais allergique. J'avais des boutons à cause d'une omelette que nous avions mangée la semaine précédente. Je dois éviter les œufs. Cela faisait au moins un an que je n'en avais pas mangé, c'est bien ma chance.

Le docteur Chevallereau est venu à la colonie pour voir Cosaque, qui a les oreillons. Comme il est contagieux, il dort dans le grenier de la maison en pierre, c'est la chambre d'isolement. Ensuite, Madame Christiane nous dit qu'elle a parlé avec le docteur à propos d'une idée pour un élevage. Je vous le donne en mille : elle veut élever des souris blanches !

Le docteur Chevallereau revient pour Cosaque quelques jours plus tard, et il dit à Madame Christiane qu'il s'est renseigné.

– Vos souris blanches, c'est vraiment une très bonne idée. Les laboratoires ont beaucoup de mal à en trouver, avec la guerre.

Madame Christiane nous explique que les souris blanches servent à préparer des vaccins et des médicaments dans les laboratoires. Laurence, la fille de Madame Christiane, demande si les laboratoires font du mal aux souris blanches. Madame Christiane répond que non. Moi je pense qu'elle ne veut pas faire de peine à Laurence. Elle est petite, elle a seulement cinq ans. Forcément que les laboratoires font du mal aux souris. Marmotte est d'accord avec moi.

– Ils leur font sûrement des piqûres, aux souris.

– Et ensuite, ils les coupent en morceaux.

Nous démontons les caisses qui servaient pour le fromage et nous fabriquons des cages. Madame Christiane écrit à plusieurs laboratoires pour connaître leurs besoins en souris blanches.

Elle tape à toute vitesse sur sa machine à écrire, tac tac tac tac, tous les enfants viennent voir ça.

Pendant les leçons de calcul, nous mettons au point le tableau des tarifs. Sur une ligne, nous écrivons :

« Souris mâle, 10 francs x .... = ... »

Si quelqu'un veut 25 souris mâles, il écrit 25 avant le signe égal, et puis il multiplie 10 par 25, ça fait 250. Sur la ligne suivante, même chose pour les souris femelles, qui coûtent 15 francs parce qu'elle peuvent avoir des enfants, et ensuite une ligne pour les couples à 20 francs pièce.

Un laboratoire de Mérignac, c'est une banlieue près de Bordeaux, répond qu'il veut acheter des souris. Ils en veulent beaucoup, au moins vingt par semaine, donc ils demandent une réduction. Madame Christiane leur envoie une autre lettre, ils répondent, et elle écrit encore. Elle fait des calculs, elle dit que nous allons gagner beaucoup d'argent, et que surtout ce sera un revenu régulier.

Quand elle se met d'accord avec le laboratoire, elle va à Bordeaux pour acheter les premières souris. Il n'en faut pas beaucoup, vu que ces bêtes-là se reproduisent très vite. Seulement, elle ne trouve pas de souris à Bordeaux. Elle part à Paris. Elle revient bredouille :

– Je suis allée sur le quai de la Mégisserie, près de l'Hôtel de Ville, là où ils vendent des animaux, et même à la ménagerie du Jardin des Plantes... Pas la moindre souris dans tout Paris.

Elle est bien déçue, et nous aussi. Elle tape une lettre de plus sur sa machine à écrire et l'envoie à Mérignac. Bobine dit :

– On ne peut pas réussir à tous les coups.

Bergère dit :

– Le cochon, c'est quand même plus sûr.

Madame Christiane nous lit la fable de «Pierrette et le pot au lait», et puis celle de «L'Ours et les deux compagnons».

Deux compagnons, pressés d'argent,
À leur voisin fourreur vendirent
La peau d'un ours encor vivant,
Mais qu'ils tueraient bientôt,
Du moins à ce qu'ils dirent.
C'était le roi des ours, au compte de ces gens.
Le marchand à sa peau devait faire fortune.
Elle garantirait des froids les plus cuisants;
On en pourrait fourrer plutôt deux robes qu'une.
Dindenaut prisait moins ses moutons qu'eux leur ours:
Leur, à leur compte, et non à celui de la bête.
S'offrant de la livrer au plus tard dans deux jours,
Ils conviennent de prix, et se mettent en quête;
Trouvent l'ours qui s'avance, et vient vers eux au trot.
Voilà mes gens frappés comme d'un coup de foudre.
Le marché ne tint pas; il fallut le résoudre:
D'intérêts contre l'ours, on n'en dit pas un mot.
L'un des deux compagnons grimpe au faîte d'un arbre;
L'autre, plus froid que n'est un marbre,
Se couche sur le nez, fait le mort, tient son vent,
Ayant quelque part ouï dire
Que l'ours s'acharne peu souvent
Sur un corps qui ne vit, ne meut, ni ne respire.
Seigneur Ours, comme un sot, donna dans ce panneau.
Il voit ce corps gisant, le croit privé de vie,

Et de peur de supercherie
Le tourne, le retourne, approche son museau,
Flaire aux passages de l'haleine.
« C'est, dit-il, un cadavre : ôtons-nous, car il sent. »
À ces mots l'ours s'en va dans la forêt prochaine.
L'un de nos deux marchands de son arbre descend,
Court à son compagnon, lui dit que c'est merveille
Qu'il n'ait eu seulement que la peur pour tout mal.
« Eh bien, ajouta-t-il, la peau de l'animal ?
Mais que t'a-t-il dit à l'oreille ?
Car il s'approchait de bien près,
Te retournant avec sa serre.
– Il m'a dit qu'il ne faut jamais
Vendre la peau de l'ours qu'on ne l'ait mis par terre. »

Nous décidons d'apprendre cette fable et de la mimer à la prochaine grande veillée. Cosaque jouera l'ours.

Maintenant, nous utilisons les cages pour ranger nos affaires de classe.

Il y a une chose que je trouve triste, c'est que les petits de la colonie oublient tous leur ancien nom. Et même, ils oublient leurs parents. Au lieu de dire Madame Christiane, ils disent Maman Christiane. Ils disent aussi Maman Bergère et Maman Bobine.

Moi je peux regarder la photo de mes parents dans son cadre rouge, donc je ne risque pas de les oublier comme les petits. De toute façon, même sans la photo je ne peux pas les oublier, parce que je suis grand.

Nous avons des lampes à pétrole, mais pas beaucoup de pétrole, donc nous nous couchons très tôt. Nous nous levons à sept heures et nous allons faire notre gymnastique dans la forêt avant le petit déjeuner. Ça fait plus tôt qu'avant, parce que les Allemands ont mis toute la France à l'heure de Berlin. Nous marchons au pas, en rangs par quatre, entre la colonie et la clairière de la gymnastique. Nous chantons *Une fleur au chapeau*, ou bien *Ma blonde entends-tu dans la vie ?*:

Ma blonde entends-tu dans la vie
Siffler les fabriques et les trains ?

Allons au-devant de la vie
Allons au-devant du matin.

Moi, la gymnastique, ça m'embête. Ciseaux des bras, flexion, couchés sur le dos et ciseaux des jambes, c'est toujours pareil.

Quelquefois, des soldats allemands viennent nous regarder et nous photographier quand nous faisons nos ciseaux des bras. Madame Christiane nous a expliqué que la France est coupée en deux. Au nord il y a la zone occupée et au sud la zone libre. La colonie se trouve dans un morceau de la zone occupée qui s'appelle la zone côtière interdite. Sauf que pour nous elle n'est pas interdite, sinon nous ne serions pas là.

Les Allemands sont très nombreux. Ils ont accroché un drapeau avec leur croix gammée sur l'hôtel Bellevue, et aussi une pancarte marquée « Kommandantur ». Certains portent un uniforme noir avec une tête de mort comme les pirates, d'autres un uniforme d'une couleur bizarre que l'on appelle « vert-de-gris». Certains portent un petit poignard à la ceinture. Nous les entendons faire des exercices de tir dans la forêt. Souvent, ils repartent dans leurs camions et ensuite une nouvelle garnison les remplace. Les gens disent qu'ils ne viennent pas pour garder la côte, mais pour se reposer au grand air.

Ils ont aménagé un camp de prisonniers dans les baraques où habitaient les évacués d'Alsace. Ils y ont mis des tirailleurs sénégalais. On dit que les nègres* vont construire le Mur de l'Atlantique, pour empêcher les Anglais et les Américains de débarquer en France. Moi, je croyais que ce serait un vrai mur en briques tout le long de la plage. Marmotte se moque de moi.

– T'es vraiment bête. Ils vont juste mettre des canons tous les cent mètres pour empêcher les bateaux d'approcher.

– Si c'est pas un mur, pourquoi est-ce que ça s'appelle le Mur de l'Atlantique?

* À l époque ce mot n'était pas péjoratif.

– Et alors, comment tu veux l'appeler? Les canons tous les cent mètres de l'Atlantique?

En tout cas, les Allemands doivent photographier les emplacements pour les canons. Ils en profitent pour nous photographier aussi. Pourquoi? Ça c'est un mystère. Nous demandons à Madame Christiane.

– Pourquoi ils nous photographient tout le temps, les boches, Madame Christiane?

– Vous avez remarqué qu'ils ont changé? Au début, ils étaient très jeunes. Au mois de juin, l'Allemagne a attaqué la Russie, je veux dire l'Union soviétique. Je crois qu'ils envoient les jeunes là-bas. Maintenant, nous avons des soldats plus âgés. Ils sont sans doute mariés. Vous leur rappelez leurs propres enfants.

Ça nous donne une idée. Avant la guerre, il y avait un grand jeu qui s'appelait la course au trésor. Madame Christiane cachait des messages dans la forêt. Chaque message contenait une devinette ou un rébus, qui permettait de trouver le message suivant. Le dernier message conduisait au trésor. L'équipe qui le trouvait pouvait le manger! Nous inventons la course au chocolat. Nous envoyons Fanny et Tonette se promener en ville. Chaque fois qu'elles voient des soldats allemands, elles doivent s'approcher en douce et faire les mignonnes. C'est pour leur rappeler leurs filles qui sont en Allemagne. Elles se tiennent par la main, elles se ressemblent avec leurs boucles rousses, elles ont le plus joli sourire du monde. Les soldats ne peuvent pas s'empêcher de leur caresser la tête et ensuite, ils leur donnent toujours du chocolat.

Nous les suivons de loin. Entre deux groupes de soldats, elles nous apportent le chocolat. Elles ne peuvent pas le garder dans leurs mains, sinon les Allemands n'en donneraient plus. Elles ne doivent pas non plus le manger et avoir la bouche toute barbouillée de marron. À la fin, nous partageons.

Il y a un truc embêtant, c'est que Fanny comprend l'allemand. Nous lui donnons des instructions.

– Surtout, tu ne dois pas leur répondre quand ils parlent allemand. Seulement quand ils parlent français.

Un jour, Bergère arrive en courant, toute rouge et essoufflée.

– Au moment où je sortais de la boulangerie avec notre ration de pain, un Allemand m'a parlé. C'est un grand officier qui tient un chien-loup en laisse. Il parle bien français. Il m'a demandé si j'allais à la colonie du Pylône. J'ai répondu que oui. Il m'a dit que nous devrions faire attention, parce qu'il a reçu une lettre de dénonciation.

Quelques heures plus tard, des Allemands entrent dans la colonie avec une de leurs voitures vertes. Nous reconnaissons tous le grand officier avec son chien. Ça me rappelle l'histoire de Croc-Blanc. Ils emmènent Madame Christiane à leur Kommandantur. Quand elle revient, je vois qu'elle est de mauvaise humeur, mais en même temps elle rit.

– Ils ont reçu une lettre... Je suis sûre que c'est encore Mademoiselle Sardou. Celle-là ! Comme quoi nous serions des communistes et des juifs. Je leur ai montré le registre des enfants. Pas un seul nom juif. Attendez, je vais vous dire la meilleure : il paraît que nous défilons en chantant l'*Internationale* ! Je leur ai chanté *Une fleur au chapeau*. Ils étaient bien obligés de rire. L'officier, celui qui se promène toujours avec son chien, m'a montré la lettre de dénonciation et l'a déchirée devant moi avant de me relâcher.

– Qu'est-ce que c'est que l'*Internationale* ? demande Marmotte.

– C'est un chant communiste.

– C'est comment, l'air ? Vous pouvez nous le chanter, Madame Christiane ?

– Sûrement pas. Pour que tu ailles le fredonner à l'école sans même t'en rendre compte… Nous serions dans de beaux draps ! Et d'ailleurs nous devons cesser de chanter *Ma blonde entends-tu dans la vie ?* parce que c'est un chant soviétique.

Madame Christiane aime beaucoup chanter. Elle connaît peut-être mille chansons, et en plus elle en a dans des livres. Elle nous a dit qu'à Paris, elle chantait dans une chorale. Elle nous a raconté comment elle a attrapé le goût de la musique :

– Mon père avait un ami qui était chef d'orchestre sur les bateaux.

– Le directeur d'un bateau il s'appelle « capitaine », pas « chef d'orchestre », Madame Christiane.

– Sur les grands paquebots qui traversent l'océan Atlantique, ou qui le traversaient avant la guerre, il y a un capitaine pour diriger les marins, mais aussi un orchestre pour faire danser les passagers. Donc l'ami de mon père était pianiste et chef d'orchestre. Un jour, il est venu dîner chez nous. Il s'appelait Monsieur

Pfister. Il avait une immense barbe rousse. Après le dîner, on m'a envoyée me coucher. Monsieur Pfister s'est installé au piano et a joué la *Sonate au clair de lune*, de Beethoven.

– Vous pouvez nous la jouer, Madame Christiane ?

– Sur l'harmonium, ce n'est pas aussi bien que sur un piano. Je vais vous jouer le début… Voilà… C'est beau, non ?

– Ça ressemble pas au clair de lune.

– Je ne sais pas qui lui a donné ce nom. En tout cas, pas Beethoven lui-même. Moi, je l'ai entendue de mon lit quand Monsieur Pfister l'a jouée. Cela m'a tellement émue que je me suis mise à pleurer très fort.

– Vous aviez quel âge, Madame Christiane ?

– Quatre ans seulement. En m'entendant, ma mère est montée. Je n'osais pas lui avouer pourquoi je pleurais, alors j'ai dit que j'avais peur du loup. Elle l'a répété à mon père. Il a haussé les épaules : « Cette petite est vraiment stupide !» Quand je suis devenue plus grande, j'ai demandé à apprendre le piano et le chant.

Tous les samedis soir, nous avons une veillée et nous chantons. Il y a des chansons que j'aime beaucoup, parce que l'air est triste : *La fille du labouroux*, *Le pont du Nord*. À la veillée, nous chantons des chansons en mimant l'histoire. Par exemple *Dans les prisons de Nantes* :

Dans les prisons de Nantes
Il y a-t-un prisonnier, il y a-t-un prisonnier
Que personne ne va voir que la fille du geôlier.
La la lalalalère, la la lalalala
Elle lui porte à boire, à boire et à manger
À boire et à manger
Et des chemises blanches quand il en veut changer.
La la lalalalère, la la lalalala
Un jour elle va le vouère et se met à pleurer,
Et se met à pleurer.
Qu'avez-vous donc la belle qui vous fasse tant [pleurer ?

La la lalalalère, la la lalalala
On dit de par la ville que demain vous mourrez,
Que demain vous mourrez
Las, si demain je meure, déliez-moi les pieds.
La la lalalalère, la la lalalala
La belle était jeunette, les pieds lui a lâchés,
Les pieds lui a lâchés.
Le galant fut alerte, dans la Loire a sauté.
La la lalalalère, la la lalalala
Quand il fut sur la grève, il se mit à chanter,
Il se mit à chanter :
Vive les filles de Nantes, surtout celle du geôlier.
La la lalalalère, la la lalalala.

Nous préparons aussi des pièces de théâtre pour les grandes veillées des vacances ou des jours de fête. Madame Christiane est forte pour le théâtre, même qu'elle a rencontré le père Dada dans une troupe de théâtre à la Sorbonne, mais c'est Bobine qui est championne pour fabriquer des décors en papier et des rideaux avec des couvertures. À la Toussaint, nous jouons *Les Bateliers de la Volga.* Nous jouons dehors sur l'esplanade. Nous sortons les bancs du réfectoire pour les spectateurs. Nous annonçons la soirée de théâtre dans les rues de Mimizan, alors il y a quelques habitants qui viennent nous voir.

Pour *Les Bateliers de la Volga*, il faut dix enfants de tailles différentes, qui jouent les bateliers. Le plus grand doit être très grand, et le plus petit très petit. Ils sont les uns derrière les autres, du plus grand au plus petit, et ils font semblant de tirer un bateau avec une corde. Ils chantent «*Nous avons faim... Nous avons soif...*» C'est une vraie chanson russe. Un autre enfant, très gros et méchant, leur donne des coups de fouet pour les faire avancer. Il porte un énorme couteau à la ceinture. C'est Cosaque qui joue ce rôle-là. Au bout d'un moment, il n'est pas content, alors il dit au plus grand des bateliers de le suivre. Ils vont derrière le décor (ça s'appelle les coulisses), et puis le méchant revient en essuyant son grand couteau sur sa manche. Il tue ensuite le deuxième plus grand, et le troisième.

Chaque fois, il revient tout seul des coulisses en essuyant son grand couteau d'un air féroce. Entre deux disparitions, les bateliers chantent « *Nous avons faim... Nous avons soif...* » À la fin, il ne reste plus que le tout petit enfant. Tonette joue le rôle, puisque c'est la plus jeune de la colonie. Le méchant l'emmène dans les coulisses, mais la surprise, c'est que c'est elle qui revient en essuyant le grand couteau sur sa manche.

Madame Christiane dit que la Volga, c'est un grand fleuve en Russie.

– Les Allemands avancent très vite en Union soviétique. Ils vont peut-être arriver jusqu'à la Volga. Seulement là-bas, l'hiver est très froid. S'ils n'entrent pas très bientôt à Moscou, qui est la capitale de la Russie, ils perdront la guerre.

– Ce sera bien fait pour eux, Madame Christiane.

– De plus, leur allié le Japon vient d'attaquer l'Amérique, alors les Allemands ont déclaré la guerre aussi aux États-Unis. Se battre à la fois contre les Russes et les Américains, c'est un peu trop.

Elle dessine une carte au tableau pour nous montrer Moscou et la Volga. Elle nous raconte l'histoire de l'empereur Napoléon, qui a perdu sa Grande Armée dans la neige en Russie.

Avant la guerre, il y avait une pièce de théâtre que j'aimais beaucoup. Ça s'appelait *Le Joueur de flûte de Hamelin*. La ville de Hamelin est envahie par des rats très voraces. Quand j'étais petit, je jouais un des rats, avec un costume gris et des moustaches de rat dessinées sur les joues. Les braves habitants de Hamelin nous donnaient des coups de balai :

« Ah, tu vas voir, sale bête !

– S'ils continuent à dévorer les réserves de grain, ce sera la famine cet hiver.

– Il faut faire quelque chose.

– Vous avez raison, mais quoi ? »

Un joueur de flûte vient voir le bourgmestre de Hamelin et lui propose d'emmener tous les rats. C'est Madame Christiane qui fait le joueur de flûte avec son pipeau. Elle sait très bien jouer du pipeau, de la guitare et de l'harmonium.

Le bourgmestre n'y croit pas :

« Vous vous moquez ! Vous prétendez que les rats vont vous suivre quand vous jouerez de la flûte ? On n'a jamais entendu parler d'une chose pareille. Des rats qui aiment la musique ! Et quoi encore ? Ils vont jouer du violon avec leur queue !

– J'ai débarrassé de leurs rats les villes de Nuremberg et de Regensburg. Vous pouvez vous renseigner. D'ailleurs vous n'avez rien à perdre. Si ça ne marche pas, vous aurez juste écouté un concert de flûte et je ne vous demanderai aucun argent.

– Il est vrai que nous n'avons rien à perdre. La situation est si critique que nous pouvons bien tenter le coup avec votre flûte. Si d'autres charlatans se présentent, nous essaierons aussi ce qu'ils proposent.

– Si j'échoue, vous ne me devez rien. Si je réussis, vous me verserez mille écus.

– Mille écus ? Comme vous y allez !

– Pensez à vos réserves de grain.

– Ah, certes, le grain pour l'hiver. Mille écus si ça marche... Je ne prends pas un grand risque, je le crains. »

Alors Madame Christiane joue un air très beau et très triste sur son pipeau, et tous les rats la suivent. Elle revient voir le bourgmestre, mais maintenant qu'il n'y a plus de rats à Hamelin, les habitants de la ville ont oublié combien ils étaient embêtés. C'est à peine si le bourgmestre accepte de recevoir le flûtiste dans son bureau :

« Que me veut-il, ce gueux ?

– Je viens chercher mes mille écus, Votre Honneur.

– Vous avez soufflé dans votre roseau et vous dites que ça vaut mille écus ? Ah, ah, ah, quelle impudence !

– J'ai emmené les rats.

– Il y avait bien quelques rats. Ils ont disparu le jour où vous avez donné votre petit concert, ou était-ce la veille… Il s'agit sans doute d'une coïncidence.

– Vous avez promis… Vous devez respecter votre engagement, sinon…

– Sinon quoi ? Vous me menacez ? Qu'allez-vous faire si je ne respecte pas mon prétendu engagement ? Jouer de la flûte ? Ah ah ah !

– Oui, je vais jouer de la flûte. »

Au début de la scène suivante, on voit les enfants de Hamelin qui s'amusent au square auprès de leur maman. La dernière fois que j'ai joué dans la pièce, je n'étais plus un petit rat, mais un enfant, et ma maman c'était une grande fille, Rachel. Quand Madame Christiane arrivait et jouait l'air très beau et très triste, nous nous levions et nous allions vers elle. Nos mamans essayaient de nous retenir :

« Mon chéri, mais que fais-tu… ?

– Pourquoi suis-tu ce méchant homme ? Reste avec moi… N'abandonne pas ta petite maman ! »

Peine perdue : nous disparaissions dans les coulisses avec le joueur de flûte. Moi, je crois que j'aurais préféré rester près de ma maman, surtout que j'aimais beaucoup Rachel.

J'ai demandé à Madame Christiane pourquoi nous ne donnions plus *Le Joueur de flûte de Hamelin* aux grandes veillées.

– C'est vrai que j'ai retiré cette pièce du répertoire sans vous le dire. Je trouve que ces enfants qui sont séparés de leur mère par le joueur de flûte, ça ressemble un peu trop à ce qui se passe en ce moment, avec la guerre qui vous a séparés de vos parents.

C'est très bizarre... En repensant au joueur de flûte de Hamelin et à Rachel, je m'aperçois qu'elle est toujours à la colonie. Sauf qu'elle s'appelle Marie-Claire.

1942

Madame Christiane est convoquée à la préfecture de Mont-de-Marsan. Elle se demande pourquoi. Peut-être qu'elle n'applique pas bien tous les règlements. Elle met une vieille jupe grise à la place de son short. Elle essaie de se coiffer, mais au bout de cinq minutes ses cheveux sont aussi ébouriffés que d'habitude.

En fait, c'est toujours l'histoire de la dénonciation. Ils ont ouvert tout son courrier à la poste.

– C'est normal qu'ils ouvrent le courrier, nous dit-elle à son retour, puisque nous sommes suspects. Ils ont constitué un dossier gros comme ça sur ma correspondance avec le laboratoire de Mérignac. Ils ne veulent pas du tout croire à l'affaire des souris. Ils croient que les tarifs cachent un code! Ils m'ont ressorti aussi des lettres que Monsieur Daniel m'a envoyées il y a longtemps, quand je cherchais une subvention auprès de la Croix-Rouge. Comme il est toujours pressé, au lieu de mettre: «*Écris au ministère de la Santé et au ministère de la Population*», il mettait: «*Écris à M.S. et M.P.*» Alors évidemment, ils m'ont demandé qui sont ces messieurs S. et P. J'espère que j'ai réussi à les convaincre de ma bonne foi.

Madame Christiane est un peu triste en parlant de Monsieur Daniel, je le vois bien. Bobine m'a dit que les Allemands l'ont fait prisonnier au début de la guerre. Les prisonniers étaient si nombreux que les Allemands avaient du mal à les garder dans des camps avant de les envoyer en Allemagne. Monsieur Daniel a donc réussi à s'évader et maintenant il se cache dans la zone libre. Madame Christiane n'a pas reçu de nouvelles de lui depuis plusieurs mois.

Les Allemands reviennent avec leur voiture verte. L'officier au chien salue Bergère. Elle rougit.

Cette fois, ce n'est plus la dénonciation. Ils ont fait les plans pour leur Mur de l'Atlantique, et maintenant ils veulent commencer la construction. Marmotte a parlé de canons, mais en fait les canons sont protégés par des forteresses qui s'appellent des blockhaus. Ils vont construire deux blockhaus sur la dune, juste devant la colonie. Ils ont décidé de réquisitionner la colonie. Ça veut dire voler, en vérité. Ils veulent y loger des ouvriers qui viennent spécialement d'Allemagne pour aider les nègres. Ils disent à Madame Christiane :

– Vous avez quarante-huit heures.

Quand ils repartent, Madame Christiane dit :

– Ce n'est pas possible… Il faut trouver quelque chose…

Elle va à Mimizan-Bourg voir le docteur Chevallereau. Il est vraiment gentil, le docteur. Il écrit un certificat qu'il y a une épidémie de scarlatine à la colonie. Seulement, sur le papier il met la date d'il y a quinze jours, sinon les boches, je veux dire les Allemands, verraient bien que c'est un certificat fait exprès.

Madame Christiane nous explique ce que nous devons faire, et puis elle apporte le certificat à la Kommandantur. Un docteur de la Kommandantur revient à la colonie avec elle. Nous sommes couchés dans la chambre d'isolement, celle qui est dans le grenier de la maison en pierre. Pas tous les enfants, parce que ça paraîtrait bizarre, mais presque tous. Nous avons pris deux couvertures chacun, pour avoir bien chaud et devenir tout rouges. Ensuite, Bergère et Bobine ont dessiné des boutons sur nos joues avec du mercurochrome. Elles ont pris comme modèles les boutons d'urticaire qui sont sur mon ventre.

Le docteur de la Kommandantur n'ose

même pas s'approcher de nous pour regarder nos boutons. Il passe la tête à l'entrée du grenier, il grommelle : « Bon, bon », et puis il repart. Le grenier est très sombre, donc je me demande ce qu'il a vu. Madame Christiane nous dit que les Allemands ont très peur des maladies contagieuses.

Avec cette ruse, elle obtient deux semaines de délai au lieu de deux jours. Tous les matins, elle part sur son vélo pour chercher une nouvelle maison. Elle revient le soir, elle dit :

– J'ai vu un grand château, près de Labouheyre, juste ce qu'il nous faut. Figurez-vous qu'il y a une vieille comtesse qui habite toute seule là-dedans, on pourrait y mettre cent gosses. Je lui ai expliqué mon affaire. Tout juste si elle ne m'a pas chassée à coups de fusil.

Elle visite quatre châteaux où habitent de vieux nobles, mais aucun n'accepte. Je suis un peu déçu. J'aime beaucoup d'Artagnan, qui est un cadet de Gascogne, ça veut dire un noble de Gascogne. Ici nous y sommes, justement, en Gascogne ; on dirait que les nobles sont moins aimables que d'Artagnan. Peut-être qu'ils n'aiment pas les femmes en short, sauf que si elle mettait sa jupe grise ce serait difficile d'y aller à vélo.

À la fin, Madame Christiane trouve un bâtiment abandonné, à dix-sept kilomètres d'ici. C'est un hameau qui s'appelle Gaye, à côté du village d'Escource. Le maire d'Escource dit que nous pouvons y habiter sans payer si nous le réparons et si nous cultivons la terre. Madame Christiane est très contente, parce qu'il y a sept hectares de bonne terre qui sont en friche depuis longtemps, c'est-à-dire abandonnés comme la maison.

– La colonie de vacances, c'est fini, nous dit-elle. Nous allons fonder une colonie agricole !

Le laitier nous prête sa camionnette pour déménager. Il aime bien Madame Christiane, qui lui a réparé son écrémeuse. Il plaisante toujours :

– Ah, vous faisiez de bien bons camemberts, dans le temps.

Ce laitier, il s'appelle Monsieur Leblanc. Je trouve que c'est un nom idiot pour un laitier. Il aurait pu choisir un autre métier. Tiens, moi je m'appelle Lenoir, je ne vais pas faire charbonnier. En plus, sa fille est dans ma classe et les autres élèves se moquent de nous : « Lenoir est amoureux de Leblanc ! » Même Marmotte, qui devrait me défendre puisque c'est mon copain, il se moque de moi avec les autres.

En tout cas, Monsieur Leblanc n'aime pas les boches. Il nous montre un papier :

Vive	Hitler
L'Angleterre	doit mourir
À bas	les Anglais
Les nazis	vont gagner
Soutenons	le Führer
Le Royaume-Uni	soit maudit.

– On m'a bien dit qu'il y a des gens qui admirent les Allemands à Mimizan, remarque Madame Christiane.

– Mais non. Pliez la feuille en deux et lisez chaque moitié !

Madame Christiane ne veut rien laisser aux Allemands. Elle emporte les lits, les tables, les bancs, et même les lavabos. Et puis toutes les casseroles et les assiettes, et les provisions. Elle a de la chance que Bobine soit costaud. C'est Cosaque et elle qui portent tous les trucs lourds. La camionnette va et vient toute la journée. Je suis content, parce qu'elle a emporté tous les livres de la bibliothèque.

Je n'ai pas parlé de la bibliothèque, pourtant j'y vais presque tous les jours pendant les vacances et tous les dimanches pendant l'année. C'est une petite pièce qui se trouve dans la maison de bois, avec une fenêtre qui donne sur le figuier. Les enfants ont peur de cette pièce, parce qu'il y a des lézards, des grenouilles et des serpents dans des bocaux sur une étagère. J'y ai lu *Les Trois Mousquetaires*, *La Dame de Monsoreau*, *Le Bossu*, *Michel Strogoff** et beaucoup d'autres livres, en jetant un coup d'œil aux serpents de temps en temps. Ils sont conservés dans le formol, ils ne risquent pas de sortir pour nous mordre.

Qu'est-ce que je raconte? Les enfants n'ont pas tous peur des lézards. Cosaque en élève une bonne douzaine dans une grande boîte en carton. Il passe son temps à capturer des hannetons pour nourrir ses lézards. Sauf quand un hanneton est très beau, alors il l'épingle sur une planche avec une étiquette *Hannetonus mimizanus nouvellus*. Le soir, pendant qu'il pique ses bestioles, Bobine recoud ce qui reste de nos pauvres vêtements. Nous chantons *Cosaque pique et Bobine coud*, en copiant une chanson à la mode que chante le facteur: *Papa pique et Maman coud***.

* Les auteurs de ces romans sont: Alexandre Dumas, Alexandre Dumas, Paul Féval, Jules Verne.

** Une chanson de Charles Trenet (1941).

Je suis triste de quitter la petite pièce derrière le figuier et la dune et la mer, surtout qu'il commence à faire beau. Nous n'allons pas très loin d'ici, mais Madame Christiane dit que les Allemands vont enterrer des mines dans le sable pour empêcher le débarquement. Même si nous venons en excursion à Mimizan, nous ne pourrons plus aller à la plage.

Le commandant des Allemands doit être content. Les mines vont empêcher ses soldats d'aller se baigner. Ils ont déjà eu des tas de noyés. Aucun habitant de Mimizan ne leur a parlé de la sortie des baïnes. C'est un des premiers trucs que Madame Christiane explique aux nouveaux arrivants :

– Regardez, les enfants. La baïne se vide quand la marée descend. L'eau qui s'en va rencontre le courant qui longe la côte. Cela produit un tourbillon si puissant que même les meilleurs nageurs risquent de se noyer. Ne vous baignez jamais à la sortie de la baïne.

Notre nouvelle maison est drôlement moche. Sa façade est toute lépreuse. Sa peau arrachée laisse voir la chair rose des briques. Avec ses volets et ses portes de travers, on dirait qu'elle fait la grimace.

Il n'y a même pas l'eau courante, c'était bien la peine de desceller les lavabos de Mimizan. Nous devons tirer de l'eau du puits et la conserver dans de grandes bassines. Il tombe bien de l'eau du toit quand il pleut, parce que le toit est troué, mais elle traverse le plancher du grenier et elle arrive toute noire. Les fenêtres n'ont pas de vitres, heureusement que l'été arrive.

Madame Christiane dit que le plus ennuyeux, c'est l'absence de fourneau. Elle n'a pas pu emporter le fourneau de Mimizan, qui est trop lourd. Bergère doit faire la cuisine dans la cheminée, comme à l'époque de d'Artagnan.

Ouh, la maison est pleine de rats qui courent partout. Si seulement nous pouvions les vendre au laboratoire de Mérignac !

Quand nous avons vu la maison, nous étions un peu dépités. Tonette et d'autres petits se sont mis à pleurer. Madame Christiane a dit :

– Allons les enfants, ce n'est pas le moment de pleurnicher. Au travail !

Elle trouve des vitres à Escource et elle nous montre comment les poser avec du mastic. Il faut faire bien attention de ne pas se couper. La maison compte douze pièces, cela fait beaucoup de fenêtres. Nous apprenons aussi le plâtre et la peinture. Cosaque monte sur le toit avec Madame Christiane et Bobine pour poser des tuiles. Quand il pleut beaucoup, ça fuit quand même.

Les premières nuits, je dormais mal. Le murmure de la houle n'était plus là pour me bercer. Maintenant, le travail me fatigue tellement que je m'endors comme une pierre.

Nous sommes très contents parce que nous n'allons plus en classe. Le laitier nous a emmenés à Escource. C'est la plus petite ville du monde. Sur trois des côtés de la place des

Platanes il y a des petites maisons à volets bleus portant des inscriptions sculptées ou des pancartes disant « Mairie », « Bureau de Poste » et « Bar des Sports ». L'église domine le quatrième côté. Tout en haut du clocher se trouve un poste de guet pour les incendies de forêt. L'école est derrière la mairie. On voit tout de suite que c'est une école parce que des bandes rouges et blanches entourent les fenêtres. L'instituteur dit que c'est difficile de prendre tous ces nouveaux élèves d'un coup. Comme les vacances sont proches et que nous sommes très occupés à aménager la maison, il nous dispense. De chez nous à Escource, ça fait six kilomètres. Madame Christiane va nous trouver des vélos avant la rentrée de septembre.

Le village juste après Escource s'appelle Solférino. Ça me rappelle quelque chose.

– À Paris, Madame Christiane, il y a une station de métro Solférino. J'y suis allé une fois pour prendre le train à la gare d'Orsay.

– C'est le nom d'une victoire de l'empereur Napoléon III en Italie. Des dizaines de milliers de pauvres soldats sont morts pendant cette bataille. Vous savez que je suis infirmière de la Croix-Rouge. Eh bien, la Croix-Rouge a été fondée après la bataille de Solférino. Henri Dunant, un Suisse très généreux qui était là un peu par hasard, a été épouvanté par le massacre. Il a observé une chose affreuse, c'est qu'on laissait les blessés mourir sur place. Il a fondé la Croix-Rouge pour sauver ces malheureux. Ce qui est très curieux, c'est comment je suis entrée à la Croix-Rouge…

– Vous vouliez sauver les blessés pendant la guerre de quatorze, Madame Christiane ?

– Mais non. Pendant la guerre de quatorze, j'étais encore une petite fille. Après la guerre, je voulais devenir peintre, alors je me suis inscrite aux Beaux-Arts. Là, j'ai rencontré une étudiante qui était l'arrière-petite-fille de Henri Dunant. Elle m'a parlé de la Croix-Rouge. J'ai commencé à aider non pas les blessés, mais les malheureux que la société abandonnait. Je me suis occupée d'enfants pauvres qui n'allaient pas à l'école. Au lieu de devenir peintre, je suis devenue infirmière et assistante sociale. Plus tard, j'ai fondé la colonie pour que tous les enfants aient droit à des vacances.

– Madame Christiane, vous ne nous avez pas expliqué pourquoi le village s'appelle Solférino.

– Ah, je ne vous ai peut-être jamais parlé de ça. C'est l'empereur Napoléon III qui a planté la forêt des Landes. Avant, il n'y avait ici qu'un grand désert marécageux.

Fada a l'air étonné.

– Ça a dû lui prendre du temps, à Napoléon III, de planter tous ces arbres.

Marmotte éclate de rire.

– Hitler est encore plus fort : il construit le mur de l'Atlantique brique par brique ! Réfléchis un peu : il a peut-être planté un arbre pour inaugurer la forêt, ton Napoléon. C'est une façon de parler.

Le laitier nous ramène à Gaye. Ce n'est pas un village, ni même un hameau, mais juste une petite clairière dans la forêt. Il y a deux maisons en plus de la nôtre : celle des Duport et celle des Villenave.

Les Duport, c'est la famille borgne. Le mari est borgne, la femme est borgne, et même la mule est borgne. Monsieur Duport est berger. Quand il garde son troupeau de moutons, il tricote avec deux aiguilles toutes tordues. Madame Christiane le prend en photo.

– C'est un tour de main très ancien, dit-elle. Je vais montrer ces photos au musée de l'Homme quand nous rentrerons à Paris.

Il vient la voir pour qu'elle lui écrive des papiers, parce qu'il ne sait ni lire ni écrire. Il a onze enfants. Les plus grands savent écrire, mais pas aussi bien que Madame Christiane. Ils sont champions aux billes. Les grosses billes, celles que nous appelons « calots », ils les appellent « verrines ». Ils passent des heures à faire rebondir une balle sur un mur de leur maison. Ils appellent ça «jouer à la pala». Ils frappent la balle à main nue ou avec une petite raquette en bois. Ils tapent drôlement fort. Même les petits sont trop forts pour nous.

– C'est comme dans la pièce des *Bateliers de la Volga*, remarque Marmotte. Le plus petit est le plus méchant.

– Il faut surveiller le bébé. Dès qu'il tiendra debout, il va s'y mettre. À ce moment-là, nous arriverons peut-être à le battre!

Nous prenons notre revanche en les écrasant aux cartes. Nous sommes meilleurs à la belote qu'à la pelote!

Nous entendons un bruit de moteur. C'est une moto avec un side-car. Le grand officier allemand pilote la moto et Croc-Blanc est assis dans le side-car.

– Ach, on m'a dit que vous étiez installés ici. Bonjour, mademoiselle Bergère.

Bergère devient aussi rouge qu'une tomate.

Elle ne répond pas. Après le départ de la moto, des enfants se moquent d'elle :

– Ouh, ouh, elle est amoureuse !

Madame Christiane dit que nous ne devons pas plaisanter avec ces choses-là. L'autre jour, j'ai écouté une conversation entre le laitier et Madame Christiane.

– Vous voyez qui est Gros Gilles ?

– Oui, le fermier de Mimizan-Bourg.

– Il est très habile pour tuer et saler le cochon. Il fabrique les meilleurs jambons de la région.

– Je le sais bien. J'ai voulu lui en acheter avant la guerre, mais il demandait trop cher. Il refusait de marchander.

– Les schleus ne les trouvent pas trop chers.

– Bien sûr. Ils comptent leurs marks à vingt francs au lieu de dix !

– Ils aiment beaucoup les cochonnailles. Ils ne crachent pas non plus sur le foie gras et le bon vin.

– Du pillage, il n'y a pas d'autre mot.

– Gros Gilles fait de bonnes affaires avec eux. Quand les gens tuent le cochon, ils le lui apportent en douce.

– Ils n'ont pas le droit de tuer le cochon ?

– Il faut le déclarer à la mairie et renoncer à six mois de cartes de viande. Ou même un an. Selon le poids du cochon. Alors vous pensez bien que nos paysans font ça la nuit sans rien demander à personne. Ensuite, Gros Gilles s'occupe de tout. Vous connaissez sa fille ?

– Louise ?

– Les gens ne l'appellent pas Louise, mais Grosse Lou. Figurez-vous qu'elle est au mieux avec un Allemand nommé Hans. Ça arrange bien les choses, pour leurs ventes de jambon. Savez-vous comment les gens appellent ce Hans ?

– Ma foi, non… Je n'en ai aucune idée.

– Gros Hans, évidemment !

Ensuite, ils ont chuchoté et je n'entendais plus très bien. Ils disaient « collabo », ça veut dire les gens qui collaborent avec les Allemands. J'ai juste entendu la dernière phrase :

– Le pire, c'est qu'il est déjà marié en Allemagne !

En plus du latin et des mathématiques, Madame Christiane nous donne des leçons de physique et de chimie. Ça a commencé à cause des pucerons. Nous avons débroussaillé un petit espace derrière la maison pour faire un potager. Nous avons planté des tomates, des haricots grimpants, des courgettes, des carottes, des navets, des poireaux, des choux, des pommes de terre, des potirons, des oignons, et aussi des fraises et des melons. Les gens d'Escource ont apporté des graines. Ils sont contents que Madame Christiane ait ouvert une infirmerie et donne des cours de secourisme comme à Mimizan. L'ennui, c'est qu'il y a plein de petits insectes et de vers qui mangent nos légumes. Madame Christiane dit qu'il est difficile de trouver de l'insecticide, parce que les produits chimiques servent à fabriquer des bombes pour la guerre. Elle réussit à acheter une bonbonne d'acide sulfurique à un chimiste qui travaille pour l'usine de papier. Elle nous montre comment l'acide sulfurique réagit avec la soude pour donner du sulfate.

Ça fait un grand «pschitt», il ne faut pas trop s'approcher. Elle fabrique un vaporisateur en transformant une sorte de truc qui lui servait dans la cuisine pour mettre de la crème sur les gâteaux. Elle dessine le piston et le cylindre au tableau pour nous expliquer. Ça marche avec la pression. Nous remplissons le réservoir du vaporisateur avec le sulfate dissous dans de l'alcool, et puis nous vaporisons le sulfate sur les légumes pour dégoûter les pucerons. Ensuite, il faut bien laver et éplucher les légumes, sinon on peut s'empoisonner avec le sulfate.

Avec l'acide sulfurique et de la craie, elle fait du bicarbonate de soude, qui nous sert de dentifrice. J'ai lu l'histoire de Robinson Crusoé dans la bibliothèque. Madame Christiane, elle se débrouille aussi bien que Robinson Crusoé. Elle est habillée comme Robinson aussi. Nous portons des habits tout rapiécés. Bobine passe toutes ses soirées à coudre et à recoudre. Nous ressemblons à des bohémiens ou bien aux Basques qui font du charbon de bois dans la forêt.

Ici, au lieu que la bibliothèque soit une pièce spéciale comme à Mimizan, c'est juste un coin de la salle de travail. Tous les livres sont là, mais nous avons laissé les serpents à Mimizan.

L'harmonium s'est un peu déglingué dans le déménagement. Madame Christiane le démonte et nous montre qu'à l'intérieur il ressemble au vaporisateur de sulfate, sauf que dans le vaporisateur la pression agit sur un liquide tandis que dans l'harmonium c'est la pression de l'air qui fait la musique. Elle dit que la pression, c'est une notion très importante en physique. Elle me donne des leçons de musique. Je joue des morceaux que Bach a écrits pour ses enfants. Il en avait encore plus que Monsieur Duport.

– Je pourrai jouer la *Sonate au clair de lune* bientôt, Madame Christiane ?

– Il faut travailler encore. Le début est facile, mais ensuite ça se complique.

Quand nous sommes arrivés ici, c'était l'époque des semailles, mais nous n'avons pas pu nous en occuper parce qu'il fallait aménager la maison. Et puis c'est toute une histoire : il faut acheter beaucoup plus de graines que pour le potager, et ensuite louer une charrue et une mule pour creuser les sillons dans la terre. C'est Bergère qui s'y connaît, parce qu'elle est de la campagne.

Pour l'instant, nous passons beaucoup de temps à enlever les pierres, les arbustes et les mauvaises herbes dans les champs. C'est un travail difficile. Les pierres sont enfoncées dans la terre, et il faut dégager tout autour avec une pioche. Quand une pierre est trop grosse, il faut la casser avec la pioche, mais ça, même Cosaque a du mal à le faire. Certains arbustes et buissons sont si épais que nous devons les couper à la hache, puis creuser avec la pioche pour enlever les racines.

Il y a des mauvaises herbes très coriaces. Cela ne sert à rien de les couper ; il faut les arracher.

– Je vous ai apporté des gants, dit Madame Christiane, sinon vous allez vous couper les mains.

– Vous appelez ça des gants, Madame Christiane ?

– C'est juste des chiffons !

– Appelez-les comme vous voulez. Regardez, vous passez les doigts dans ces boucles. Bobine s'est donné beaucoup de mal. Le principal, c'est que vos mains soient protégées.

Il paraît que les Allemands sont entrés dans la zone libre. Elle n'était pas vraiment libre, de toute façon.

1943

J'ai onze ans. Madame Christiane a trouvé un vieux fourneau dans une autre maison abandonnée. Bergère a pu faire un gâteau. C'est mon quatrième anniversaire sans mes parents. Ils m'ont écrit une lettre. Le facteur de Mimizan-Plage vient à vélo tous les samedis pour nous apporter le courrier de la colonie. Ils sont à Barcelone, en Espagne. Ce n'est pas tellement loin d'ici, ça me fait tout drôle. Madame Christiane dit qu'ils ont de la chance :

– Ils sont hors de danger, maintenant. Les Allemands ne peuvent plus les attraper. Ils ont sans doute franchi les Pyrénées à pied avec des passeurs.

– C'est un métier, ça, passeur, Madame Christiane ?

– Ce sont des paysans qui connaissent bien les petits chemins dans la montagne. Ils sont un peu contrebandiers, tu comprends.

C'est rigolo, parce que nous jouons souvent au jeu des contrebandiers et des carabiniers dans la forêt. Les enfants se divisent en deux camps et vont de chaque côté de la tranchée où passe la voie ferrée abandonnée. Avant, il y avait des trains à vapeur qui apportaient le bois jusqu'à la papeterie. Maintenant, ce sont des camions qui transportent le bois, alors les rails sont bien contents quand nous venons les distraire un peu. Les contrebandiers s'accrochent un foulard à la ceinture, par-derrière. Ils descendent en courant jusqu'aux rails et remontent de l'autre côté. Les carabiniers doivent attraper leur foulard. Quand un contrebandier perd son foulard, il devient carabinier et doit aider les autres carabiniers. Le but, c'est d'atteindre une ligne qui se trouve peut-être à vingt mètres de la voie ferrée, sans perdre son foulard.

J'ai entendu Madame Christiane parler avec Bergère et Bobine. Elle voyait que j'étais là, mais je pense qu'elle m'a laissé écouter justement parce que mes parents sont en sécurité. Elle dit que les juifs doivent porter une étoile jaune cousue sur leur veste. Avec ça, la police peut facilement les reconnaître et les arrêter.

– Ils ont déporté beaucoup de juifs étrangers vers l'est de l'Europe. Une destination inconnue. D'après un tract communiste que le laitier m'a montré, c'est pour les tuer.

Madame Christiane dit qu'ils ont séparé les mères des enfants pour les déporter en premier. C'est comme dans *Le Joueur de flûte de Hamelin*, sauf que les mères ont disparu d'abord. Ensuite ils ont déporté les enfants. Madame Christiane est allée à Bordeaux pour prévenir la Croix-Rouge que nous avons déménagé. Elle dit qu'à la préfecture de Bordeaux, il y a de beaux salauds.

– Ils sont allés chercher des enfants juifs qui étaient cachés dans des familles, pour les déporter quand même.

Maintenant que je suis grand, je comprends que je suis juif. Bobine m'a expliqué. Il existe une religion juive, qui ressemble à la religion catholique et à la religion protestante, même que Jésus était juif. Sûrement que mes grands-parents, en Pologne, sont dans la religion juive. Moi, je ne suis pas cette sorte de juif-là, parce que mes parents ne m'ont pas appris la religion. En tout cas, je suis la sorte de juif que les Allemands veulent tuer.

Il y a une chose qui m'intrigue.

– Dis, Bobine, il y a beaucoup de juifs en France ?

– Pas tellement. Les Français sont catholiques, dans l'ensemble, ou parfois protestants.

– Oui, mais dans la colonie, il y en a beaucoup.

– Les enfants français vont en vacances avec leurs parents. Sinon, ils ont presque tous des grands-parents à la campagne, alors ils passent l'été chez eux. Tandis que Marmotte et toi, et les autres, vos parents travaillaient dur et ne prenaient pas de vacances. Mais vous ne pouviez pas aller chez vos grands-parents en Pologne. Ça aurait coûté trop cher Vos parents étaient bien contents de pouvoir vous envoyer ici.

Je suis soulagé que mes parents se soient enfuis en Espagne. Je regarde souvent leur photo, mais depuis le temps je ne sais pas si je les reconnais vraiment. La photo est devenue une image dans un cadre rouge, c'est tout. Souvent je les vois dans mes rêves, mais je n'entends pas ce qu'ils disent. L'autre jour, j'étais en train de jouer avec des petits. Je connais tous les jeux et toutes les chansons, donc je sers un peu de moniteur. Madame Christiane est passée à côté, et Fanny l'a appelée Maman Christiane comme d'habitude. Moi je voulais lui demander quelque chose, et sans faire exprès j'ai dit aussi Maman

Christiane. Je suis devenu tout rouge. Elle m'a caressé les cheveux. J'ai senti que des larmes montaient dans mes yeux, mais je n'ai pas pleuré. Je ne vais pas pleurer devant les petits, quand même.

En été, j'emmenais souvent les petits à la gymnastique le matin. Je les mettais en rangs par quatre, je disais : « Gauche, deux, trois, quatre… » pour qu'ils marchent au pas, et ensuite :

Vent frais vent du matin
Vent qui souffle au sommet des grands pins
Joie du vent qui passe, allons dans le grand…
… Vent frais vent du matin.

Tous les petits connaissent cette chanson, mais ils n'arrivent pas à la chanter en canon comme les grands. Tonette ne peut même pas marcher au pas, elle est trop petite. Je la tiens par la main. Elle doit courir en sautillant pour suivre les autres. Sa robe verte porte tellement de pièces qu'elle n'est plus vraiment verte.

– Bobine c'est ma Maman Bobine, dit-elle, et toi t'es mon papa Jacquot.

Depuis septembre dernier, nous avons arrêté la gymnastique parce que nous mettons plus d'une heure pour aller à l'école. Madame Christiane a trouvé seulement cinq vélos. Les petits, ceux qui ont moins de sept ou huit ans, restent à la maison et c'est elle qui leur fait la classe. Ah oui, Fada et cinq autres enfants sont rentrés à Paris cet été ; leurs parents sont venus les chercher. Nous sommes une douzaine pour cinq vélos. Un enfant monte sur un vélo, deux sur un autre, des enfants courent derrière. Ensuite, on change. Cosaque dit qu'il est assez fort pour pédaler en portant deux enfants, mais si le vélo casse nous serons bien avancés. Marmotte dit qu'il doit pédaler plus que les autres parce qu'il veut devenir coureur cycliste. Ça fait des disputes presque tous les jours. Moi j'aime bien courir, seulement ça m'embête d'arriver à l'école tout en sueur.

Nos voisins les Duport ont inventé un système drôlement malin. Ils sont neuf ou dix à aller à l'école, mais ils ont un seul vélo. Un grand prend le vélo avec un petit dans le panier derrière. Il pédale pendant un ou deux kilomètres, ensuite il laisse le vélo dans le fossé au bord de la route et il continue à pied. Quand le reste de la troupe arrive, un autre grand prend le vélo avec un petit dans le panier et le laisse dans le fossé un ou deux kilomètres plus loin, et ainsi de suite.

Nous avons toujours faim. Quand j'allais à l'école à Paris, je mangeais à la cantine. Il y avait souvent de grandes batailles de feuilles d'artichaut ou de purée. Quand je pense à toute cette bonne nourriture que nous jetions ! L'école d'Escource n'a pas de cantine. À l'heure du déjeuner, on nous sert un bol de soupe. Madame Christiane dit que c'est bien, que le maire est un brave homme :

– Il ne demande pas d'argent. Je ne sais pas s'il existe beaucoup d'écoles aussi généreuses.

Un bol de soupe, ça ne fait quand même pas beaucoup. Nous avons des légumes dans notre jardin. Ils sont tout riquiqui. En plus, nous devons les partager avec des pucerons et des chenilles. Madame Christiane nous emmène dans la forêt pour cueillir des champignons.

– Ah, des russules ! Ça se mange, c'est délicieux. Et regardez ceux-là, ce sont des coulemelles, elles appartiennent à la même famille.

– Regardez, Madame Christiane, ici…

– Ce sont des lactaires, leur jus ressemble à du lait. Voici des lactaires gris…

Elle les jette dans son panier.

– Des lactaires poivrés…

Elle les jette dans son panier.

– Et ici, des lactaires vénéneux.

Elle les jette aussi dans son panier !

– Eh, Madame Christiane, qu'est-ce que vous faites ?

– Nous ne pouvons pas les manger, s'ils sont vénéneux.

– Oh, ils ne sont pas si vénéneux que ça…

Nous la croyons à moitié, mais nous avons tellement faim que nous avalons ses champignons vénéneux sans hésiter une seconde. Elle réussit même à nous faire manger des fleurs en salade avec des feuilles de je ne sais quoi.

Nous sommes prêts à tout.

– Vous avez gardé vos gants, les enfants ? C'est la bonne époque pour cueillir des orties.

– Nous allons manger des orties ?

– Ça va nous piquer la langue, Madame Christiane…

– On ne les mange pas comme ça. On fait de la soupe. Regardez ces petites orties avec des fleurs blanches. Elles ne sont pas très bonnes. Il faut cueillir les grandes orties, celles qui piquent bien. Seulement, il ne faut pas attendre qu'elles soient grandes. Il faut trouver les jeunes pousses…

– Il faut cueillir les grandes quand elles sont petites, Madame Christiane ?

– C'est ça, Marmotte.

– Il faudrait des pommes de terre pour épaissir la soupe, remarque Bergère.

– Je vais essayer avec des topinambours.

Une fois par semaine, Bergère emporte nos bons de viande à Escource et achète un cuisseau de veau. Madame Christiane n'en mange jamais.

– Vous être végétarienne, Madame Christiane ? demande Cosaque.

– À mon âge, on n'a pas besoin de manger de la viande. C'est bon pour vous, qui êtes en pleine croissance.

Un jour, nous trouvons derrière la grange une chienne jaune qui a mis bas quatre petits chiots. Elle est couchée par terre. Ils sont accrochés à ses tétines. Ils ont les yeux fermés. Ils ne dorment pas, ou alors ils réussissent à sucer en dormant. Je vois que Madame Christiane plisse son front. Oh oh, elle a une idée… Je parie qu'elle va nous préparer du camembert au lait de chienne.

En revenant de l'école, nous allons voir si la chienne y est toujours. Non, elle a disparu. Le soir, nous trouvons Madame Christiane en train de faire cuire de la viande dans une grande casserole. Bizarre : ce n'est pas le jour du cuisseau de veau.

– Qu'est-ce que c'est, comme viande, Madame Christiane ?

– J'ai pensé que nous n'avions pas besoin de chiens ici, donc j'ai chassé la mère et j'ai pris ses chiots.

– Vous nous racontez des blagues. On peut pas manger du chien.

– Bien sûr que si. Les Chinois en mangent, alors pourquoi pas nous ?

– Ben moi je suis pas chinois. J'en mange pas.

– Moi non plus.

Personne n'en veut, alors Madame Christiane mange les quatre chiots.

– C'est excellent, dit-elle. Ça me rappelle les cuisses de grenouille.

– Vous n'avez pas besoin de viande, à votre âge, Madame Christiane.

– Je ne vais pas jeter de la nourriture, tout de même. Ça va me donner des forces... Quand j'étais à Bordeaux, ils m'ont dit qu'on ne trouve plus un seul pigeon sur la place Pierre-Laffitte. Avant-guerre, il y en avait des milliers. Les gens mangent même des corbeaux.

Elle n'arrête pas d'avoir des idées complètement folles. Elle achète de l'amidon à Escource. C'est une poudre blanche que l'on dissout dans l'eau, ensuite le liquide sert à rendre les cols de chemise tout raides. Elle met l'amidon dans du lait qu'elle fait cuire dans une casserole.

– Ça va donner un peu de consistance au lait. Ça calmera notre faim.

Les gens du pays nous conseillent de planter du maïs et du seigle. Ils nous prêtent la charrue, la mule et les graines. Nous les rembourserons en leur donnant une partie de notre récolte. Quand Bergère laboure la terre avec la charrue, elle trouve encore plein de pierres et elle dit beaucoup de gros mots. Tous les enfants veulent faire le geste auguste du semeur.

Madame Christiane organise un concours d'épouvantails. C'est l'équipe de Serge, son fils, qui gagne. Elle ne fait pas de favoritisme, mais tout le monde reconnaît que son épouvantail est le plus rigolo. Il est très habile de ses mains. Il est un peu plus petit que moi. C'est le seul enfant qui ne dit jamais « Maman Christiane », pourtant Madame Christiane est sa mère. Il l'appelle simplement Christiane.

Marmotte est fâché d'avoir perdu au concours. Marguerite ricane :

– Eh, t'as qu'à te tenir au milieu du champ, on ne peut pas imaginer un meilleur épouvantail.

Ces deux-là, ils se disputent tout le temps.

Les Allemands veulent participer à notre concours. Ils viennent avec des nègres et ils plantent de grands poteaux tous les dix mètres dans les champs, pour empêcher les avions américains d'atterrir. C'est des épouvantails pour les avions, mais ça effraie aussi les oiseaux. Madame Christiane parle avec les nègres.

– Leur régiment s'appelle « tirailleurs sénégalais » parce que son quartier général est à Dakar. Eux, ils viennent du Tchad, c'est plus à l'est. Ils ont un sergent qui s'appelle Amadou. Il préparait son baccalauréat quand il a été mobilisé pour la guerre.

Les paysans disent que pour une première fois, notre moisson s'annonce plutôt bonne. Ça pousse un peu dans tous les sens. Peut-être que les sillons ne sont pas bien droits, ou c'est le geste auguste du semeur qui n'était pas assez régulier, ou c'est à cause des poteaux. En plus, nous avons deux grands chênes au milieu du champ. Les paysans disent que tout cela n'a pas d'importance, vu que nos champs ne sont pas grands. Nous ne moissonnerons pas avec des machines tirées par des mules, comme eux, mais avec des faux. L'année prochaine, les Allemands seront sûrement partis et leurs poteaux aussi. Si nous défrichons de nouveaux champs, il faudra faire plus attention.

Les légumes poussent de mieux en mieux. Nos potirons sont énormes. Madame Christiane demande :

– Qu'est-ce que nous allons manger ce soir, mes enfants ? Je suis sûre que personne ne peut le deviner…

– Oh non, encore de la soupe au potiron !

Quand nous mangeons nos premières pommes de terre, Tonette refuse d'y toucher. Elle ne sait pas ce que c'est !

– Goûte, Tonette. C'est très bon. Ça s'appelle des pommes de terre.

– Ça ressembe pas à des pommes.

– Des pommes *de terre*.

– Moi, ze veux pas manzer de la terre.

Nous échangeons des légumes contre du lait, puis contre des poules et un cochon. Tonette le baptise Gustave. Nous lui donnons du maïs. Nous en avons même trop. Madame Christiane dit que nous allons le manger. Cosaque proteste :

– Ça se manger pas, le maïs, Madame Christiane. C'est seulement pour cochons.

– Dans cette région, ils le mangent. Ils font une semoule qui s'appelle « escoton ». Les Italiens font la même chose, mais ils appellent ça *polenta*. C'est très bon. La difficulté, évidemment, c'est pour l'écraser. Il faut le porter au moulin.

– Nous pourrions emprunter la remorque de la mère Villenave, Madame Christiane.

La mère Villenave habite avec sa fille et sa petite-fille. Son mari est mort et le mari de sa fille a été envoyé en Allemagne pour le travail forcé.

Madame Christiane accroche la remorque de la mère Villenave à son vélo. Elle va au moulin au milieu de la nuit. Moudre du grain pour soi, c'est interdit. Les Allemands prennent toute la farine pour eux, sauf peut-être un dixième qu'ils laissent aux Français. Nous avons des tickets qui nous donnent droit à un peu de pain.

Avec notre farine de maïs clandestine, Bergère prépare des bouillies et de bons gâteaux, mais je ne sais pas si je les aurais trouvés bons avant la guerre.

J'ai reçu une nouvelle lettre de mes parents. Cette fois, ils sont à Lisbonne, au Portugal. J'ai de la chance, parce que Marmotte, lui, il n'a jamais reçu aucune lettre. Il me dit :

– Tu sais, mon pote, de toute façon, à mon âge, on n'a plus besoin de ses parents.

En fait, je sens bien qu'il aimerait recevoir une lettre comme moi.

Il dit que maintenant nous avons l'âge d'aller voir les filles la nuit.

– Les précieuses ne demandent que ça, dit-il.

Le plus dur, c'est de se réveiller. Pour lui qui dort toute la journée, c'est facile. C'est à son tour de me secouer. Je suis en train de rêver que ma petite sœur pleure parce que maman est partie au marché, mais en vérité je n'ai pas de petite sœur. Je ne comprends pas ce qui se passe, et puis je me souviens que nous devons aller voir les filles. Nous nous habillons. Nous avons usé nos pyjamas depuis longtemps, donc nous dormons juste avec nos slips tout reprisés. Nous descendons l'escalier sans faire de bruit. Marguerite est déjà réveillée, d'ailleurs elle dit que nous sommes en retard. Elle réveille Gisèle. Dans leur chambre, il y a aussi des petites filles qui dorment à poings fermés. Marie-Claire dort dans une autre chambre avec Bergère et Bobine. Elle est plus grande qu'elles en taille, maintenant. Cosaque et elle sont presque adultes. De toute façon, il n'y a plus de colons et de monitrices. Ce n'est plus une colonie de vacances, mais une sorte de grande famille.

Marmotte et Marguerite s'embrassent sur la bouche, alors Gisèle et moi nous les imitons. Je sais bien que les amoureux s'embrassent sur la bouche. Avant, je croyais que le papa embrassait la maman pour faire un bébé. Madame Christiane nous a expliqué que c'est autrement.

C'était à l'époque où elle voulait faire la reproduction des souris. Ça nous paraissait bizarre que les souris s'embrassent sur la bouche, alors elle nous a fait une leçon. Les petits croyaient que les bébés, ça s'achète dans les magasins. Seulement, depuis le temps, j'ai oublié ce qu'elle nous a expliqué.

J'entends que Marmotte et Marguerite se disputent à voix basse, pour ne pas réveiller les petites filles. Ils ne peuvent pas se parler sans se disputer, de toute façon. Alors Marguerite veut changer. Elle met Gisèle avec Marmotte, et elle m'embrasse sur la bouche.

Je trouve ça fatigant, tous ces baisers, surtout que j'ai plutôt envie de dormir. Ensuite, nous rentrons dans notre chambre.

Le lendemain, pendant la classe, Marguerite m'envoie un petit billet. Elle a écrit MBBSTBA, ça veut dire « Mille Bons Baisers Sur Ta Bouche Adorée ». Marmotte n'a pas l'air content du tout.

Moi, je crois que je suis amoureux de Marie-Claire, sauf qu'elle est trop grande pour moi. Je n'oserai jamais lui dire.

Mon père, il a six ans de plus que ma mère. Ça veut dire que je pourrais me marier avec Tonette. C'est la plus jolie et la plus gentille de toute la colonie.

Une autre nuit, nous voulons retourner voir les filles, mais nous apercevons une silhouette dans l'escalier. Nous rentrons vite nous coucher.

– T'as vu ? me demande Marmotte à voix basse. Il était tout noir.

– La nuit, les gens sont forcément noirs.

– Ben moi, mon pote, je te dis que c'est un nègre. Il était grand comme les nègres. Il a dû s'évader.

– C'est peut-être Amadou le sergent.

– Quand t'entends des bruits dans le grenier, c'est pas des rats, c'est des évadés que Madame Christiane aide à s'enfuir.

– T'es sûr ?

– C'est Serge qui me l'a dit, mais faut pas le répéter.

– T'inquiète ! Comment il le sait, Serge ?

– C'est parce qu'il dort dans la même chambre que Madame Christiane. Une nuit, il s'est réveillé et il a vu qu'elle s'en allait, alors il l'a suivie sans faire de bruit. Il dit qu'elle cache des nègres, des prisonniers russes qui construisent les blockhaus, et même un aviateur anglais avec son uniforme.

– Ils sont tous là-haut ?

– Mais non. Elle les conduit dans la forêt. Là, les charbonniers basques les emmènent en Espagne. Une fois, elle a pris un fusil qui était caché dans une meule de foin et elle l'a donné à un nègre.

C'est comme le jeu des douaniers et des contrebandiers. D'un côté, il y a les évadés et les charbonniers basques qui les aident. De l'autre, les Allemands et les collabos qui essaient de les attraper.

Le laitier pense que les collabos vont bientôt changer de camp :

– Ils sentent que le vent est en train de tourner. L'autre jour, Gros Gilles a dit du mal des fridolins !

Madame Christiane a emporté le poste de radio qu'elle avait à Mimizan. Elle écoute une radio de Londres.

– Les Russes sont en train de battre les Allemands. Ils reculent partout. Ils ne peuvent plus échapper à la défaite. Les Américains ont débarqué en Sicile !

N'empêche que les boches sont toujours là. Ils emmènent Serge. Madame Christiane garde son calme.

– Ils font pression sur moi. Ils espèrent que je leur dirai des choses.

Moi, je vois bien qu'elle est très inquiète. Serge revient au bout de trois jours.

– Ils m'ont gardé dans une maison à Labouheyre. J'ai joué aux billes dans la cour. J'ai vu des types qui avaient les ongles arrachés. C'était pas beau. Les Allemands ont des chars qui font un boucan de tous les diables. C'est pour attaquer les Américains quand ils débarqueront.

Un jour, en rangeant une armoire avec Marie-Claire, je trouve des feuilles de papier coincées entre deux draps. Je reconnais tout de suite des pages du cahier de croquis de Madame Christiane, couvertes de ses dessins à l'encre noire. Elle n'a pas dessiné des pins de la forêt, mais les blockhaus et les canons. J'espère que les boches ne vont jamais fouiller la maison.

Ils viennent échanger du fumier contre des légumes. Ils ont de grosses mains rouges comme nos paysans. Nous avons du mal à penser que ce sont des ennemis. Bobine leur parle dans leur langue. Elle nous donne des leçons d'allemand.

– C'est utile de pouvoir comprendre ce qu'ils disent.

Parfois, les soldats parlent russe. Bobine discute avec eux. Madame Christiane sait tout faire, mais Bobine connaît toutes les langues.

– Ils disent que les Allemands les ont fait prisonniers en Ukraine. Ils leur ont donné le choix : soit ils mouraient de faim, soit ils s'engageaient dans l'armée avec les Allemands. Ils appartiennent à un régiment de cosaques.

Notre Cosaque n'est pas content.

– De vrais cosaques ne se battre pas contre la patrie.

Souvent, Cosaque se met en colère. Il hurle et jure en russe, il grogne comme un ours. Alors Bobine lui dit quelques mots dans sa langue et le calme aussitôt. Quand elle parle russe, cela ne ressemble pas au grognement d'un ours, mais au roucoulement d'une colombe.

Gustave le cochon est devenu énorme. Les gens viennent d'Escource pour le voir. Ce qui explique son poids, à leur avis, c'est qu'il est tout seul pour manger les glands des deux grands chênes en plus de tout le maïs que nous lui donnons. Bergère dit qu'il faut l'abattre, sinon ce sera trop tard. Nous le portons chez un paysan qui sait s'y prendre. Nous n'avons rien dit aux petits. Ils croient que nous l'avons vendu au paysan. Le plus triste, c'est Cosaque. Il était devenu copain avec Gustave.

– Nous ne mourir pas de faim. C'est dégolasse tuer lui. Il ne fait pas de mal ni à personne. C'est animal très intelligent.

– Plus intelligent que toi, mais ça c'est pas difficile.

Nous aimons bien Cosaque, mais nous le trouvons un peu bizarre. Tous ces Russes sont des gens mystérieux. Les uns sont prisonniers, construisent les blockhaus, s'évadent dans la forêt. Les autres sont soldats dans l'armée allemande, mais ils prétendent qu'on les a forcés. Madame Christiane dit que ce n'est sans doute pas vrai.

– D'après la radio de Londres, certains régiments « cosaques » sont encore plus féroces que les pires Allemands.

Au fait, Cosaque n'est pas si bête qu'il en a l'air. Quand je joue aux échecs avec lui, il me bat à plate couture.

– Vous n'apprendre pas jouer aux échecs dans l'école ? En Russie…

– Oui oui, en Russie, bien sûr, tout est mieux, nous savons…

La mère de Fanny et Tonette vient chercher ses filles :

– Vivre loin d'elles, c'est trop triste.

– La guerre n'est pas encore finie, dit Madame Christiane. Le danger reste considérable.

– Je suis bien cachée à Paris. Je travaille à la maison comme couturière. Je pense que nous ne courons aucun risque.

Nous sommes tous très malheureux de perdre notre petite Tonette. Surtout Bobine, qui s'occupait spécialement d'elle. Tonette pleure toutes les larmes de son corps. Fanny tente de la consoler :

– Nous allons à la maison. Tu connais Frida. C'est notre mère.

– La connais pas. Ze veux rester avec Maman Bobine.

1944

Le 6 juin, les Américains et les Anglais débarquent en Normandie. Les blockhaus de Mimizan n'ont servi à rien.

La guerre continue quand même. Il paraît que les Allemands envoient des bombes volantes sur l'Angleterre. Tous les matins, nous regardons dehors : est-ce que les Américains sont déjà arrivés ?

Nous voyons un cycliste suspect. Il ressemble à Fada.

– C'est toi, Fada ?

– Bien sûr que je suis moi !

– Tu viens de Paris à vélo ?

– Bien sûr que non. J'ai mis le vélo dans le train jusqu'à Labouheyre.

– Les gens s'enfuient de Paris à nouveau?

– Quelques-uns. Ils s'attendent à une grande bataille quand les Amerloques vont arriver à Paris. Mes parents croient que les boches ne vont pas les attendre, mais ils ne veulent prendre aucun risque alors ils m'ont envoyé ici.

Nous voyons au moins cent avions anglais et américains qui traversent le ciel en ronronnant. Les canons allemands leur tirent dessus sans en toucher un seul.

Au milieu du mois d'août, une rumeur court que les Allemands vont réquisitionner tous les vélos. Nous cachons les nôtres dans un grand roncier près du champ de maïs. Les Duport nous épatent : ils réussissent à monter leur vélo tout en haut d'un platane.

Les boches finissent par s'enfuir à toute vitesse. Ils volent tous les moyens de transport qui leur tombent sous la main, et aussi les poules et les lapins. Les officiers hurlent des ordres. Les hommes paraissent affolés, épuisés, comme égarés. Leurs uniformes sont tout froissés et tachés. Ils ont fait sauter le générateur électrique, alors nous n'avons plus de courant.

Le 24 août, nous reprenons nos vélos et nous allons à Mimizan. Le drapeau bleu-blanc-rouge flotte sur l'hôtel Bellevue à la place de la croix gammée, et les gens s'embrassent dans la rue.

Des voitures sillonnent la ville en klaxonnant. Les passagers agitent des drapeaux. Ils hurlent :

– Nous avons chassé les boches !

Ils ont les yeux rouges et la voix pâteuse. Certains d'entre eux se tiennent aux carrefours, un fusil à la main. Nous rencontrons Leblanc, le laitier. Il n'est pas content :

– Ils ont trouvé toute une cave de bon vin à la Kommandantur. Ils se sont saoulés alors qu'il y a encore des vert-de-gris dans le coin. Vous avez vu les prétendues « sentinelles » qui gardent les carrefours et demandent les papiers de tout le monde? Mon ancien commis m'a demandé mes papiers. Comme s'il ne me reconnaissait pas! Je me suis énervé. Il m'a dit que j'insultais la Résistance. Je lui ai dit que je le trouvais bien chatouilleux, pour quelqu'un qui est résistant depuis ce matin.

Ces nouveaux résistants ont arrêté Gros Gilles. Ils ont trouvé des tonnes de blé dans son grenier. Il vendait de la farine au marché noir. Grosse Lou se cache. D'après le docteur Chevallereau, si les gens la trouvent ils vont la tondre.

Il paraît que l'on rencontre des hommes tout nus dans la forêt. Ce sont des boches qui ont enterré leur uniforme et qui font semblant d'être russes. Les résistants mettent les prisonniers allemands dans les baraques où étaient les nègres.

La colonie de Mimizan est dans un triste état. On dirait la maison de Gaye quand nous sommes arrivés : des vitres cassées, des portes arrachées, des ordures partout. Ils ont même coupé le grand figuier, qui ne faisait de mal à personne. Nous avons du travail en perspective.

Les gendarmes nous disent qu'il ne faut surtout pas aller sur la dune et sur la plage, à cause des mines. Les services de déminage de l'armée sont en Normandie pour le débarquement, et ensuite ils viendront par ici.

Nous avons aussi beaucoup de travail à Gaye. Cette fois, le maïs et le seigle ont bien poussé. Plusieurs enfants sont partis parce que leurs parents sont venus les chercher. Fada est reparti avec eux. Nous ne sommes plus très nombreux pour moissonner. J'ai tellement fauché que j'ai des ampoules aux deux mains.

Nous retournons plusieurs fois à Mimizan pour nettoyer la colonie. Nous découvrons qu'elle est pleine d'insectes appelés punaises. Madame Christiane essaie de les tuer avec une de ses préparations chimiques, mais elles sont très résistantes. Elle fait venir un spécialiste, qui dit que leurs nids se cachent sous les planchers.

– Si vous voulez vraiment vous en débarrasser, vous devez enlever tous les planchers. Il n'y a pas d'autre moyen.

– Ces boches, dit Madame Christiane, même après leur départ ils nous emmerdent encore.

Elle pense qu'il faudra des années pour que la colonie soit vraiment remise sur pied. C'est surtout que nous manquons d'argent. Les gens ne sont pas riches. Au lieu de vendre notre maïs et notre seigle, nous les échangeons au père Duport, ainsi qu'à d'autres bergers, contre des peaux de mouton. Si mon papa était là, il ferait de beaux portefeuilles avec toutes ces peaux !

Madame Christiane part à Paris pour voir si elle ne peut pas recevoir une indemnité du nouveau gouvernement, en réparation des déprédations allemandes. Elle emporte les peaux, à tout hasard.

Nous allons à Mimizan par petits groupes, tous les deux ou trois jours, pour enlever les planchers de la colonie. Un matin, j'y vais avec Marie-Claire.

Nous travaillons dur, et puis elle me propose d'aller dans la forêt voir la clairière de la gymnastique. Les Allemands ont construit une route en ciment entre la dune et la forêt, cela nous fait tout drôle.

Quand nous arrivons dans la clairière, j'éprouve une sensation agréable. Comme si je rencontrais de vieux amis que je n'ai pas vus depuis longtemps.

À Gaye, les pins poussent tout droit comme des enfants sages. Ici, ils se battent contre le vent du large. Ils se penchent, ils s'arc-boutent, ils résistent. Certains ressemblent à des boxeurs.

– Tu sais, Marie-Claire, les pins, quand j'étais petit, je les voyais tous pareils. Maintenant je les distingue bien… Regarde celui-ci, qui est tout tordu. Je me souviens que nous grimpions dessus. La prochaine fois, je viendrai avec mon cahier pour les dessiner.

– Ils ont changé. Je les trouve un peu négligés. Les forestiers sont peut-être partis en Allemagne pour le travail obligatoire. Il y a beaucoup plus de buissons épineux qu'avant. Si Madame Christiane était là, elle nous demanderait de les enlever: « Ces mûriers et ces ajoncs vont étouffer les pins. Débroussaillez-moi tout ça, les enfants! »

– Leur odeur me tourne la tête. Ce n'est pas du tout la même que celle des pins de Gaye.

– Le vent du large apporte des effluves de sel et d'algues. Tu sens comme les jeunes pins ont un parfum plus fort?

– C'est mystérieux... Le souvenir de cette odeur se tenait caché dans un coin de ma mémoire pendant toutes ces années. Des tas de trucs sont restés cachés là-dedans, à cause de la guerre.

– Moi, tu sais ce que j'ai gardé en mémoire? Le nom des plantes que nous disait Madame Christiane. Cet arbre vert foncé, tu vois, ce n'est pas un pin. Elle l'appelait un cupressus. Je trouvais ce nom bizarre.

– Tu es sûre? Nous aurions rigolé. Nous aurions dit: «cul pressé»...

– En fait, c'est un cyprès. Ça l'amusait peut-être de donner son nom latin. Elle aime les noms étranges. Les oyats, les euphorbes, les panicauts...

– Je ne connais pas ces trucs-là.

– Mais si. Les oyats, ce sont les grandes herbes qui retiennent la dune. Les euphorbes, il en coule une sorte de lait quand on les casse.

– Ah oui. C'est du poison.

– Peut-être. En tout cas, c'est très amer. Madame Christiane dit que l'euphorbe est un cousin du caoutchouc.

– Et le panicaut?

– Ça ressemble à du houx gris-bleu. On l'appelle aussi chardon Roland.

– Tu vas devenir botaniste. Tu auras ton

petit bureau au Muséum, à côté de celui de Cosaque. Tu n'es plus une précieuse ridicule, tu es une femme savante ! Dis-moi, il y a une question qui me turlupine depuis longtemps : la résine qu'ils recueillent dans les petits pots accrochés au tronc des pins, elle sert à quoi ?

– Les gens d'ici l'appellent « galipot ». Ils en font un mastic qui rend étanche la coque des bateaux. On en tire aussi l'essence de térébenthine que l'on utilise pour diluer la peinture à l'huile.

Il fait chaud. Comme nous sommes fatigués, nous décidons de faire la sieste. Nous nous couchons sur le tapis doré formé par des générations d'aiguilles mortes. Je chante une petite berceuse :

La peinture à l'huile
C'est plus difficile
Mais c'est bien plus beau
Que la peinture à l'eau.

Je me réveille et je regarde Marie-Claire. Ses yeux sont entrouverts, mais à peine. Je me demande si elle dort ou si elle est éveillée. Je ne sais pas pourquoi, je m'approche de son oreille et je dis tout doucement :

– Rachel...

Elle me prend dans ses bras et elle me serre très fort. Ses yeux luisent comme une mer calme au clair de lune.

– Est-ce que tu te souviens que tu étais ma mère dans *Le Joueur de flûte de Hamelin* ?

– Bien sûr. Tu t'appelais Jacob.

Elle dit que la ville de Hamelin existe, et qu'elle se trouve en Allemagne*. Ça, je ne le savais pas.

J'espère qu'elle ne va pas partir bientôt. Moi, je suis là pour un bon moment. J'aimerais revoir mes parents, enfin je crois, mais je serai triste de quitter la colonie et Madame Christiane et Marie-Claire. Mes parents ont envoyé une lettre du Brésil. Ils disent que les

* Son nom allemand est Hameln.

Cariocas, ce sont les habitantes de Rio de Janeiro, aiment beaucoup les sacs à main de papa. Ils essaient de gagner de l'argent avant de revenir, pour pouvoir repartir d'un bon pied à Paris.

Ici, il ne reste que six enfants juifs. Certains savent où sont leurs parents, d'autres pas.

Madame Christiane revient de Paris toute réjouie. Elle n'a pas obtenu d'indemnité, mais elle a vendu les peaux.

– Elles servent à fabriquer des vestes de cuir qui s'appellent des canadiennes, c'est la dernière mode. Mes enfants, vous allez partir chez les bergers des Landes et acheter toutes les peaux de mouton que vous trouverez. Moi, pendant ce temps, je vais acheter du tanin de chêne à Bordeaux. Nous tannerons les peaux nous-mêmes. Ainsi, nous les vendrons plus cher et nous aurons assez d'argent pour réparer la colonie tout de suite !

1945

Il ne reste plus grand monde à Mimizan : Marmotte, Marie-Claire et moi. Les parents de Marmotte et de Marie-Claire ne reviendront jamais. Ils ont disparu dans les camps de concentration. Les parents de Gisèle sont morts aussi. Son oncle et sa tante sont venus la chercher pour s'occuper d'elle. Pour Marmotte, c'est la même chose : son oncle et sa tante, qui habitent en Palestine, là où les juifs vivaient dans l'Antiquité, vont venir le chercher. Je ne sais pas s'ils ont des coureurs cyclistes, là-bas. Marie-Claire va aller habiter chez des cousins en Amérique. Elle a promis de m'écrire.

Madame Christiane m'a dit que Fanny, Tonette et leur mère ont été prises dans un contrôle de police à la gare d'Austerlitz en revenant de Mimizan. Elles ont été déportées dans un camp et ne sont pas revenues. Je ne pourrai pas me marier avec Tonette.

Quand je

boucles rousses

petite main dans la mienne

Je ne me souviens plus de ce que j'ai écrit au-dessus. La page a été mouillée, je ne sais pas pourquoi, alors tout s'est effacé.

Nous avons réussi à éliminer presque toutes les punaises de la colonie. Le service de déminage est venu, mais il reste plus de mines dans la dune que de punaises sous nos planchers. C'est que la dune se déplace – malgré les oyats, les euphorbes et les panicauts qui devraient la retenir. Elle enfouit les mines profondément. Ensuite, elles émergent sans prévenir. Trois personnes de Mimizan sont déjà mortes. Madame Christiane dit qu'elle attendra quelques années avant de retourner sur la plage avec les enfants. Nous nous baignons dans la rivière qui est près d'ici, le Courant, ou dans le lac d'Aureilhan.

Le frère de Madame Christiane s'est installé dans la maison de Gaye avec sa femme et son fils. Il nous apporte toutes les semaines de bons légumes et des œufs. Monsieur Daniel est revenu, Madame Christiane attend un bébé.

Je veux faire un cadeau à Madame Christiane, pour la remercier de s'être si bien occupée de moi, et pour lui laisser un souvenir. Marie-Claire veut acheter le cadeau avec moi Nous n'avons pas beaucoup d'argent, mais nous avons eu une idée. Le docteur Chevallereau va à Bordeaux avec sa nouvelle voiture une fois par semaine. Demain, nous irons avec lui et nous achèterons un couple de souris blanches.

Postface

Madame Christiane a vraiment existé. Elle est née à Paris, dans le XIVe arrondissement, en 1906. Elle a étudié la peinture et la gravure aux Beaux-Arts, puis elle s'est occupée d'enfants en difficulté pour la Croix-Rouge. Elle a participé à la mise au point de ce que l'on appelle «l'éducation active» grâce à laquelle les enfants apprennent différentes techniques pour mener à bien des «projets» d'ordre artistique ou artisanal. En 1927, elle s'est mariée avec un étudiant en psychologie, Monsieur Daniel.

En 1930, Monsieur Daniel et Madame Christiane ont fondé une colonie de vacances dans laquelle ils désiraient appliquer les méthodes de l'éducation active. Ils ont d'abord loué des bâtiments en Bretagne, puis dans le Jura. En 1932, ils ont trouvé l'endroit idéal : une maison de vacances que la couturière Coco Chanel avait fait bâtir pour ses cousettes à Mimizan-Plage, entre l'océan et la grande forêt des Landes. La nouvelle colonie a été baptisée « Le Pylône » en souvenir d'un pylône utilisé pour la chasse à la palombe.

Aujourd'hui, il n'y a plus de colonie, mais un « centre de vacances », toujours appelé « Le Pylône ». De nombreux bâtiments s'élèvent autour de la « maison de Coco Chanel ». Le bébé que Madame Christiane attend à la dernière page du récit dirige le centre de vacances avec son épouse. On y pratique des activités que le petit Jacquot n'imaginait pas : surf, VTT, roller, informatique.

L'atelier de poterie reste tout de même très fréquenté et les enfants jouent encore *Le Joueur de flûte de Hamelin* aux grande veillées. Si vous voulez en savoir plus, allez voir le site *www.vacances-enfants.org* sur Internet.

Serge, le fils aîné de Madame Christiane, a obtenu des tas de diplômes. Devenu un économiste connu, il a voyagé dans le monde entier pour aider divers gouvernements. Alors qu'il séjournait en Afrique, Madame Christiane lui a rendu visite. Elle est allée de Paris à N'djamena en jeep. Elle avait toujours eu envie de traverser le Sahara ! Je ne sais pas si elle a revu le sergent Amadou. Vers la fin des années cinquante, elle passait régulièrement les mois de novembre et décembre en Afrique.

Elle a travaillé comme assistante sociale et infirmière au Tchad et au Sénégal, où un dispensaire porte son nom. Elle a rapporté d'Afrique un petit singe nommé Souki, si bien que pendant des années les gens la connaissaient comme « la dame au singe ». Elle aimait beaucoup Souki. Elle trouvait qu'il ressemblait à un gamin un peu bête. À l'heure du dîner, elle disait à ses enfants : « Faites une place pour votre petit frère. »

À partir de 1970, Madame Christiane a cédé peu à peu la direction de la colonie de Mimizan à son deuxième fils. Comme elle était encore très énergique, elle a décidé de s'inscrire à l'École du Louvre, puis à l'université, pour étudier l'histoire de l'art. Elle a passé sa licence et sa maîtrise. Ensuite, influencée par un professeur, elle s'est intéressée de près à l'art préhistorique. Elle a étudié la préhistoire et la paléontologie humaine (science de l'interprétation des vestiges, des pierres taillées, etc.) À plus de quatre-vingts ans, elle participait encore à des fouilles dans les Pyrénées, dans le Lot, près de Nice, dans la région parisienne. Elle a commencé une spécialisation dans le domaine de «l'anthropologie évolutive», c'est-à-dire l'évolution de l'être humain et des sociétés humaines, puis elle s'est tournée vers «l'anthropologie sociale», qui consiste à observer l'être humain d'aujourd'hui.

C'est en 1987 que j'ai revu par hasard Madame Christiane. Je la connaissais parce que je passais mes vacances dans la colonie du Pylône quand j'étais petit, entre 1950 et 1955*. Elle m'a raconté ses aventures à l'université et j'ai publié son témoignage en avril 1988 dans le magazine *Marie-Claire*, où j'étais journaliste, sous le titre : « La plus vieille étudiante de France ».

Dans son récit, elle évoquait aussi les années de la guerre. J'ai imaginé que j'étais un petit garçon qui passe la guerre à Mimizan et j'ai écrit le texte que vous venez de lire. Il est d'abord paru (dans une version plus courte, sous le titre « De trop longues vacances ») dans le magazine *Je bouquine* en février 1996. J'ai offert des exemplaires du magazine à Madame Christiane. Elle avait quatre-vingt-dix ans. Elle avait arrêté ses études et passait son temps à jouer du piano et à peindre des tableaux. Elle a dit : « C'est bizarre, je ne me souviens pas de toi à la colonie pendant la guerre... »

* Voir mon livre *Sans accent*, même éditeur.

Ayant oublié qu'elle m'avait raconté tout ça neuf ans plus tôt, elle croyait que j'évoquais ma propre vie.

Elle trouvait que je l'avais décrite de manière trop flatteuse. Elle n'avait aucun mérite, pensait-elle, à avoir sauvé des enfants. « Qu'est-ce que tu voulais que je fasse ? Que je livre des gosses de la colonie aux Allemands ? »

Madame Christiane est morte dans son sommeil en 1997, à l'âge de quatre-vingt-onze ans. L'annonce de sa mort m'a étonné (et attristé, évidemment), car j'étais sûr qu'elle vivrait jusqu'à cent ans.

Du même auteur à *l'école des loisirs*

collection Neuf

Les larmes du samouraï
Le paradis du miel

collection Médium

Jeanne Darc
Kama
Lonek le hussard
Moi, Marylin
Une nouvelle vie, Malvina
Réveille-toi, Ludwig !
Le ring de la mort
Sans accent
Les souffrances du jeune Mozart
Tout est relatif, comme dit Einstein